我国中小企业融资问题研究

WO GUO ZHONG-XIAO QIYE
RONGZI WENTI YANJIU

冯珊珊 ◎ 著

吉林大学出版社

·长春·

图书在版编目（CIP）数据

我国中小企业融资问题研究 / 冯珊珊著. -- 长春：吉林大学出版社，2020.10
ISBN 978-7-5692-7363-2

Ⅰ. ①我… Ⅱ. ①冯… Ⅲ. ①中小企业－企业融资－研究－中国 Ⅳ. ①F279.243

中国版本图书馆CIP数据核字(2020)第203826号

书　　名	我国中小企业融资问题研究 WO GUO ZHONG-XIAO QIYE RONGZI WENTI YANJIU
作　　者	冯珊珊 著
策划编辑	李承章
责任编辑	周　婷
责任校对	闫竞文
装帧设计	一鸣文化
出版发行	吉林大学出版社
社　　址	长春市人民大街4059号
邮政编码	130021
发行电话	0431-89580028/29/21
网　　址	http://www.jlup.com.cn
电子邮箱	jdcbs@jlu.edu.cn
印　　刷	广东虎彩云印刷有限公司
开　　本	880mm×1230mm　　1/32
印　　张	6
字　　数	156千字
版　　次	2020年10月　　第1版
印　　次	2020年10月　　第1次
书　　号	ISBN 978-7-5692-7363-2
定　　价	60.00元

版权所有　翻印必究

前　言

"天之道，损有余而补不足。人之道，则不然，损不足以奉有余。"是老子《道德经》中的一句名言，而这也是我国目前中小企业融资的现实写照。

中小企业作为我国国民经济发展的重要力量，当前并没有得到应有的重视。金融机构通过一些优惠政策以吸引大型企业客户，给予中小企业的政策倾斜不足。大多数中小型企业都存在严重的资金问题，并且缺乏资金已经严重限制了中小企业的可持续发展。

中小企业在促进中国经济社会发展、增加财政预算收入，扩大社会就业以及促进我国科学技术进步等许多方面都发挥着重要作用。据完整的统计数据显示，自从新中国成立70年以来，我国的中小企业、民营企业得到了迅速的发展，从小到大，由弱到强，在增加就业、稳定增长、促进创新方面发挥了独特的重要作用，作为国民经济生力军的作用也日益凸显。数据显示，截止到2018年底，我国的现阶段存在的中小企业的数量超过3000万家、个体工商户数量在7000万户以上，为我国贡献了50%以上的财政税收，60%以上的GDP，70%以上的技术创新成果和80%以上的劳动力就业。随着我国社会主义市场经济的发展，中小企业对经济生活和社会进步的贡献将会变得越来越明显。但是，由于中小企业承受风险的能力较弱，因此在其发展的过程中会面临许多困难，其中最主要的就是融资困难。

中小企业融资难问题并不是我国独有，各国均面临着这一难题，虽然社会各界都在努力，从不同角度提出问题的解决方案，但是这一难题的解决，需要不断结合社会经济发展新情况提出应对方针。

本书主要根据我国经济发展现状对中小企业融资进行了考察。近年来，我国的实体经济对贷款的需求在不断地提升，但是由于不断上升的通胀压力迫使我国金融机构在2011年就开始减少信贷资源。由于中小型企业在信贷市场上处于自然劣势的一方，进而融资就变得更加困难了。要研究我国中小企业融资的问题，我们必须首先要界定中小企业的定义，根据我国有关部门的权威界定，中国企业中有99%都是中小企业。并且我国中小企业的区域分布非常不平衡，各个地区的中小企业的发展会因地区而异。现阶段发展的特点是中小企业数量在增加，但实际的经济效益在下滑。

与西方的发达国家相比较，我们会发现我国的金融体系

前言

其实并不完善，并且我国的金融市场不发达以及缺乏可靠的法律法规进行保护和支持，现阶段我国中小企业融资问题尤为突出，成为制约我国中小企业发展的瓶颈。对于中小型企业在我国国民经济中的重要地位和当前它们所面对的融资困难的现象，迫切需要对中小企业的融资问题进行研究。当前，我国中小企业融资难主要是由信息不对称的原因引起的，具体的表现为企业外部融资机会少，内部融资能力较弱。

我国中小型企业的特点就是规模较小、技术含量不高、并且企业的运营管理水平比较低，这就导致企业在经营的过程中会出现很多的违规现象。此外，我国的中小型企业的产品加工技术还处于劳动密集型和一般工业品加工的阶段，并且受到各方面的综合因素影响，他们很难进行创新化发展所以他们的收益非常的不乐观。因此，公司很难从内部获取资金进行发展。此外，由于我国的中小企业缺乏管理制度的创新性、在财务方面的管理制度不完善、透明度低、信用意识不强，经常出现贷款逾期的现象，最终导致中小型企业的外源性融资变得极其困难。其实造成企业融资困难的原因不止以上这些，还包括与企业相关的一些政策和经济结构的影响。

现阶段，我国的中小企业资金缺口很大，但是为什么银行对如此庞大的市场会视而不见？这里面最重要的一个原因就是，我国的中小企业贷款风险仍处于非常高的水平。

据相关的信息数据统计，中小企业的不良贷款比例远远高于银行内部公布的相应数据。此外，由于中小型企业对资本的需求频率很高，但是每次的额度却很低，我国目前的银行系统还没有独立地设立一个适合中小企业融资特点的信贷制度，银行向中小企业提供贷款的成本相对较高。我国现在担保抵押体系不健全，中小企业个别的不良资信记录影响了整个群体形象，而中小企业自身抵押担保资产不足，政府性担保机构又严重缺失。与一些发达的国家相比而言，我们现阶段的资本市场的发展还不完全，而且有关的金融产品种类很少，所以并不能为我国为数众多的中小型企业提供通畅的直接融资渠道。

就我国目前中小型企业融资困难的问题，大量的学者也进行了实践调查和研究，但是由于数据信息较少，而且在实证研究方面相对较少，大多为定性分析，不能足够贴合实际情况，数据说服力不强。因此，本书主要选取了某市139家中小企业及中小企业板84家中小企业的相关的财务数据信息，并通过实证分析，检验了我国中小企业融资的现实情况，明确了实际上影响我国中小企业融资能力的有关因素。并结合我国企业的实际经营情况，分析中小企业融资困难的问题并提出相应的对策。

本书在综述中小企业界定、相关融资理论及国内外研究现状的基础上，结合我国特殊的地域特征、经济发展特色，分析了我国中小企业的发展水平和发展特征。

并且对中小型企业融资现状进行了深入的分析,主要包括我国中小企业的融资模式、特点。并在对中小企业融资现状深入分析的基础上,探究存在的问题及造成这些问题的原因,之后运用数据进行实证研究。通过对实证数据的详细分析,发现影响我国中小企业融资能力的主要因素。最后,主要从中小企业、政府以及银行等各个角度出发,提出了解决我国中小企业融资困难的对策和建议。

实证部分采用了描述性统计和面板模型,衡量中小企业融资能力的指标,选取企业的资产负债率代表公司的财务杠杆率。因为一个企业的资产负债率可以比较客观真实地反映出它的财务状况和贷款偿债能力。所以我们将所有影响因素主要分为以下两种:其一就是影响中小企业外部融资可能性的因素。此类别所包括的是中小企业的规模大小、中小企业的信誉程度、中小企业的成长及其成立年限。其二就是影响中小企业内部融资能力的主要因素,包括中小企业的企业运营能力、盈利能力,中小企业的内部积累水平以及承受外来风险的能力。对上述因素深入分析之后,选取合适的财务指标作为衡量这些因素的变量,然后根据理论和经验对回归结果做出相应的假设。接着用描述性统计分析和面板分析得到研究结果。最后再将实际得到的数据结构和假设进行对比,再对实证结果进行详细的剖析和阐释。

从实证的研究结果可以明显看出:我国中小企业的外源

性的融资能力相对较弱,内部融资能力也不高。本书的最后一章做了针对性的分析,并且对中小企业融资困难的相应对策也做了详细的分析。为了解决这个难题,我们需要在许多方面谋求共同合作。

  首先,从中小企业本身的角度来看,企业需要提高自身的诚信意识,并为中小企业树立良好的信用形象。此外还需要完善企业财务管理制度,让企业的财务信息更加的透明化。为了提高企业业务管理水平,还需要制定长期的运营策略。增加产品的科技含量,并有效地改变低成本竞争的现状,来提高产品的市场竞争力。企业不仅应该在制造技术上进行创新,而且还需要在融资上进行创新,一个企业的创新能力是它能否在激烈的市场竞争中保持竞争力的重要武器。中小企业还应该注意对人才的培养。其次,从政府角度进行分析。中小企业作为我国国民经济非常重要的一部分,国家也需要进行大力的扶持,并推出相关的优惠政策来减轻中小企业在发展中的负担。同时进一步完善资本市场,为我国的中小企业提供更多的融资方式选择。此外,还需要相应的法律法规来规范证券交易所,让中小企业上市和融资的门槛降低。政府应促进建立中小企业信用担保体系,并支持地方金融机构的快速发展。完善我国中小企业融资法律制度,为中小企业的融资创造良好的法律环境。最后,从银行等金融机构方面,要充分认识到中小企业的巨大市场,改进现有的信贷管理水平,设计适合中小企业融资特点的信贷程序，加快金融创新，健全中小企业的专门服务部门。

目前，解决我国中小企业的融资问题已经迫在眉睫了，尤其是随着经济全球化的不断发展，影响中小企业融资的因素也在随着时代的变化而变化。本书主要是探讨了我国中小企业在融资方面的一般性的规律，并研究影响我国中小企业融资的主要因素，提出一些合理的建议和对策，针对中小企业融资难这一问题，后续仍然需要我们进行更加深入的研究。

目 录

第一章 中小企业界定 ... 1
第一节 我国对中小企业的界定 ... 2
第二节 国外对中小企业的界定 ... 5

第二章 中小企业融资的概念及理论 ... 8
第一节 企业融资的概念 ... 8
第二节 企业融资的分类 ... 10
第三节 中小企业融资的基本理论 ... 13

第三章 中小企业融资问题研究综述 ... 21
第一节 国内中小企业融资问题研究综述 ... 21
第二节 国外中小企业融资问题研究综述 ... 27

第四章 我国中小企业总体概况 ... 32
第一节 我国中小企业组织形式 ... 32

第二节　我国中小企业总体概况 …………… 35
第三节　我国中小企业发展水平 …………… 40
第四节　我国中小企业发展特征 …………… 41

第五章　我国中小企业的地位与作用 …………… 44

第六章　我国中小企业融资现状 …………… 49
第一节　我国中小企业融资模式 …………… 50
第二节　我国中小企业融资特点 …………… 53
第三节　我国中小企业融资现状 …………… 58
第四节　我国中小企业信贷情况 …………… 67

第七章　我国中小企业融资困境及成因 …………… 70
第一节　我国中小企业融资困境的形成 …………… 71
第二节　从企业自身角度分析我国中小企业的融资困境成因 …………… 75
第三节　从银行角度分析我国中小企业的融资困境成因 …………… 81
第四节　从政府角度分析我国中小企业融资困境成因 …………… 84
第五节　我国中小企业融资困境根源分析 …………… 87

第八章　中小企业融资困境及成因的实证分析 …… 93
第一节　中小企业融资困境实证研究设计 ………… 93
第二节　中小企业融资困境实证研究假设 ………… 95
第三节　中小企业融资困境实证研究模型 ………… 101
第四节　基于某市中小企业数据的实证分析 ……… 105
第五节　基于中小企业板数据的实证分析 ………… 116

第九章　解决中小企业融资问题的对策建议 ……… 130
第一节　提高我国中小企业自身素质 ………………… 130
第二节　积极发挥政府的扶持作用 …………………… 139
第三节　提高银行对中小企业的服务水平 …………… 155
第四节　金融科技助力解决中小企业融资问题 ……… 161
第五节　普惠金融助力中小企业融资 ………………… 165

参考文献 …………………………………………………… 170

第一章　中小企业界定

企业在某种程度上是社会生产力发展的必然产物。中小企业是一个相对的概念，即生产经营规模、员工规模和资产规模小于大型的企业，但是其处于创业阶段和成长阶段。国家统计局和财政部已通过有关的文件明确地界定了我国中小企业的分类，并详细地讨论了中小企业融资难的问题。因此，我们首先必须弄清它们的定义标准和研究的对象，这将有助于我们对该问题进行深入的研究。

由于不同国家的社会形态、经济发展水平的差异性以及企业的结构特点的不同，从目前世界各国的实际情况来看，不同国家对中小企业的界定也存在差异性。通常情况下，都是从量上来划分中小企业的，比如企业员工人数、年经营收入、总资产等。

第一节　我国对中小企业的界定

社会在发展，时代在进步，中小企业划分的标准也要顺应潮流，与时俱进，这样才能更好地贴合社会经济发展的实际需求。我国的相关标准就明显有着历史变迁的烙印。在新中国成立的初期，我国主要是按照企业的所有制性质和企业的类型来界定企业的。到1988年的划分方法是：企业根据其固定资产和生产能力来划分，而企业还可以根据单个产品的生产产量来划分。这一划分标准充分反映了当时的时代烙印，受计划经济的影响，过分注重国有工业领域而忽视了私营经济。这显然会与不断发展的社会经济脱轨。

自新中国成立以来，我国对中小企业的分类标准进行了五次比较大的修订。

第一次是在20世纪50年代以职工人数作为中小企业界定的标准：3000人以上为大型企业；500~3000人为中型企业；500人以下为小型企业。

第二次是在1962年的时候，我们以固定资产价值作为中小企业的分类界定标准。

第三次是在1978年，国家计委颁布《关于基本建设项目的大中型企业划分标准的规定》，将"年综合生产能力"作为企业划分的标准。

第四次是在1988—2000年做出的几次修改,并重新发布了《大中型企业划分标准》。

在2001年的APEC第八届部长级会议上,有关部门发布了定义和分类公司的最新标准:资产总额、营业收入、销售收入。

第五次是2011年6月,为了贯彻落实《中华人民共和国中小企业促进法》,我国有关部门联合发布了《关于中小企业划型标准规定的通知》。

表1-1 企业类型划分标准

企业类型	特大型企业	大型企业	中型企业	小型企业
企业年销售收入和资产总额	50亿元以上	5亿元及以上	5000万元及以上	5000万元以下

表1-2 中小企业划型标准

行业名称	指标名称	计算单位	中型企业	小型企业	微型企业
工业	从业人员	人	300~1000	20~300	20以下
	营业收入	万元	2000~40000	30~2000	300以下
批发业	从业人员	人	20~200	5~20	5以下
	营业收入	万元	5000~40000	1000~5000	1000以下
农林牧渔	营业收入	万元	500~20000	50~500	50以下
建筑业	资产总额	万元	5000~80000	300~5000	300以下
	营业收入	万元	6000~80000	300~6000	300以下

续 表

行业名称	指标名称	计算单位	中型企业	小型企业	微型企业
房地产开发经营	资产总额	万元	5000~10000	2000~5000	2000以下
	营业收入	万元	1000~200000	100~1000	100以下
软件信息技术服务	从业人员	人	100~300	10~100	10以下
	营业收入	万元	1000~10000	50~1000	50以下
信息传输业	从业人员	人	100~2000	10~100	10以下
	营业收入	万元	1000~100000	100~1000	100以下
仓储业	从业人员	人	100~200	20~100	20以下
	营业收入	万元	1000~30000	100~1000	100以下
交通运输业	从业人员	人	300~1000	20~300	20以下
	营业收入	万元	3000~30000	200~3000	200以下
零售业	从业人员	人	50~300	10~50	10以下
	营业收入	万元	500~2000	100~500	100以下
邮政业	从业人员	人	300~1000	20~300	20以下
	营业收入	万元	2000~30000	100~2000	100以下
住宿业	从业人员	人	100~300	10~100	10以下
	营业收入	万元	2000~10000	100~2000	100以下
餐饮业	从业人员	人	100~300	10~100	10以下
	营业收入	万元	2000~10000	100~2000	100以下

续 表

行业名称	指标名称	计算单位	中型企业	小型企业	微型企业
租赁和商务服务业	从业人员	人	100~300	10~100	10以下
	资产总额	万元	8000~120000	100~8000	100以下
物业管理	从业人员	人	300~1000	100~300	100以下
	营业收入	万元	1000~5000	500~1000	500以下
其他	从业人员	人	100~300	10~100	10以下

注：有两项评价标准的行业，两项中满足一项即可。资料来源：工业和信息化部网。

第二节 国外对中小企业的界定

其实对于中小企业的界定方法有很多。中小企业的概念非常的复杂，所以每个国家的定义都会有些许不同，或者说，在同一个国家，不同地区的不同时期对中小企业的界定都具有差异性。有的国家只在制定相关政策时加以说明，有的国家以法律明文规定其界定标准。一般采用的指标有：企业营业收入、资产的总额、企业的员工人数等等。

德国因为其每个州的企业发展不同，南部地区发展较好的州就联合制定了有关中小企业振兴法，而没有采取联邦的中小企业法。但是每个州的中小企业对于鼓励竞争、反对垄断都有着共同的原则。一般的标准是员工人数少于500人，年营业额低于1亿马克。《中小企业基本法》对日本的中小企业进行了标准的定义，并且根据不同行业的从业人数和资本来划分企业的规模大小。美国对中小企业的定义是：具有独立经营能力，但是在所处行业并无支配地位的小规模企业。这种界定标准就是从质上来定义的，另外还有从量的指标上来定义的，并且对于不同企业的内部结构也需要做详细的规划。SBA每年都需要花费几十亿美元来为美国的一些中小企业进行银行的贷款担保，并提供一些金融的优惠政策。一般对于中小型企业界定的标准就是企业人数低于500人、年营业额在1亿美元以下。在欧洲的一些国家中，意大利的中小企业最具活力，并且大多数的中小企业都必须参与到同行业的内部组织中去，进而形成一个网络。意大利的统计局采用了欧共体的形式来对中小企业进行定义，并主要分为服务业和制造业，再按照企业的从业人员数来划分。但是对于一些特定扶持的中小型企业也会有一些特殊的界定标准。英国对于中小企业界定的方式其实有许多种，且弹性非常大，经常会根据政府政策的需要进行变动。英国政府设立的波尔顿委员会根据实际的调查对中小企业做出了以下的定义：中小企业是指不隶属任何大型企业的，并且由个人所有者经营的、在市场份额中的占比较小的企业。

  世界上的一些国家及中国台湾地区对中小企业的划分标

准如表1-3所示。

表1-3 世界部分国家及中国台湾地区对中小企业的界定标准

国家或地区	定量界定		定性界定
	雇员人数	年营业额	
美国	500人以下	500万美元以下	1.独自经营 2.资本由一人或少数几人所有 3.产品销售范围在当地 4.企业规模在本行业相对较小
德国	500人以下	1亿马克	所有权和责任的统一，以及由个人承担风险
日本	制造业：300人以下 批发业：100人以下 零售业：50人以下	3亿日元以下 1亿日元以下 5000万日元以下	复合标准
英国	100人以下	100万英镑	1.占相关市场较少部分 2.没有任何定型管理机构 3.不受母公司控制
中国台湾	制造业：200人以下 矿业：200人以下 服务业：50人以下	8000万新台币以下 8000万新台币以下 1亿万新台币以下	复合标准

第二章 中小企业融资的概念及理论

第一节 企业融资的概念

融资是指通过货币交易的手段来筹集资金,并用于企业发展的一种货币手段。企业融资是社会融资的重要组成部分,它是指企业作为资金寻求者从事金融活动。从广义上讲,融资其实是指资金在持有者之间进行流通,以填补资金空缺的一种行为,而这其实是一个双向的过程,既有资金的融入也有资金的融出,既包括资金来源也包括资金的使用。从狭义上讲,融资其实主要涉及对资金的整合,即资金的来源。特别是,企业从自身生产经营对资金的需求出发,依据企业在未来的运营策略和实际需求,进行科学合理的分析,并做出通过某种渠道进行资金筹集的决策,进而确保企业在实际经营中有足够的资金作为支持。它不仅包括不同资金所有者之间的融资,而且还包括某个经济主体通过一些特殊的方式进行内部资金的融通。从宏观经济的角度来看,企业融资过程实际上是一种资源合理分配的过程。所谓的资源分配就是指通过不同的要素进行组合,进而最大限度地减少企业在宏观经济上的损失,最终实现社会福利的最大化。由于个体收益率与经济中的平均收益率之间的差异,资源优化的过程就必须要通过不断地改变对资源投入的方向,进而将资金流向具有较高收益率的行业和部门,以保持企业具有强大的竞争优势和同时实现宏观经济效率的最大化。因此,富裕企业追求经济收益的内在机制,使得最终所有的资源都会不可避免地流入具有较高获利能力的行业和部门。

企业进行融资的过程本质上就是根据资本的供求关系进行资源分配的过程。这样就可以通过资金的流通,来实现部门企业利益的最大化,进而促进整个市场优化资源配置、提高经济效率。

总而言之,中小企业的融资就是为了保障其在实际经营的过程中有足够的资金进行运作的一种集资行为。

第二节 企业融资的分类

以下我们主要从融资主体的角度进行分析，企业融资方式可分为三个层次，如图2-1所示。

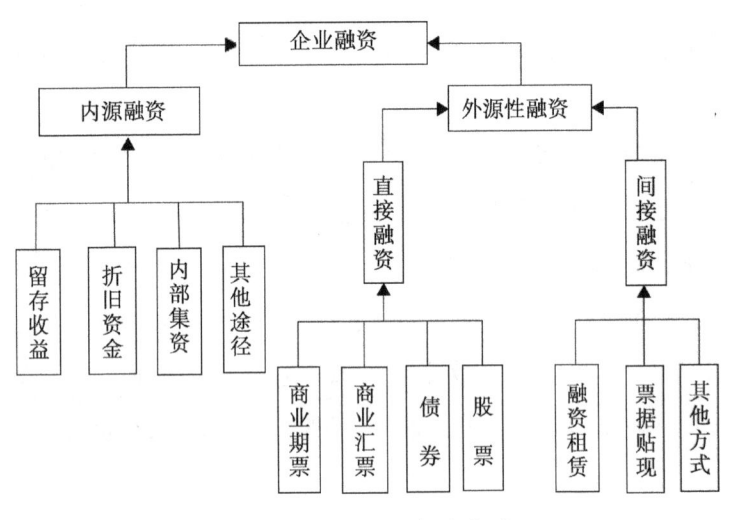

图2-1 企业融资的分类

企业的内源融资是指企业依赖其内部所积累的资金进行资金的融通，包括三种主要形式：将资本转换为重置投资，将折旧转换为重置投资以及将其保留收益转换为新的投资。这种内源性的融资形式其实非常的有限，成本较低，风险相应的也较小，是中小企业生存和发展至关重要的手段。

在一些发达的国家,内源融资其实是中小企业的首选方式,也是资金的主要来源。

企业的外源融资是指企业通过一些特定的方式,从企业外部寻求资金,其主要的外部融资方式包括银行贷款、股票发行、企业债券等。此外,从某种意义上讲,商业贷款和企业间的融资租赁也是外源融资的一部分。在市场经济中,外源融资是指不断地吸收其他经济主体的资金储蓄并将其转化为自己的投资的过程。随着技术的不断进步和企业生产规模的扩大,仅依靠内源资金来满足企业对资金的需求变得越来越困难,所以外源性融资逐渐成为企业进行资金筹集的重要途径。企业外源融资具有以下特点:高效率、高报酬、高风险和流动性。

外源融资的发展可以有效地提高对社会储蓄资源的利用率,进而优化社会资源的分配效率,从而有助于分散投资的风险。企业的外源融资可以通过金融媒介机制的功能采取直接和间接的融资形式。

直接融资是指企业作为资金的短缺者向资金的提供者进行资金筹集的方式,是资金盈余部门在金融市场上购买资金需求部门的直接证券。此外,政府拨款、其他企业资金的使用、民间贷款等都属于直接融资的范畴。因此,直接融资具有不可逆转、直接性、流通性、长期性的特点。

间接融资是企业通过金融中介间接进行资金筹集的方式,由金融机构充当信贷中介机构,以实现盈余部门和赤字部门之间的资金流动。间接融资具有间接的、短期的、可逆的和缺乏流动性的特点。

直接融资和间接融资的这种区分只是理论上的一种抽象区分。随着全球金融创新的迅速发展,它们之间的界限也变得越来越模糊,并且存在着直接融资间接化或间接融资直接化的趋势。

表2-1 各种融资方式及其相互关系

资金性质	融资渠道或融资方式		来源
自有资金	资本金 折旧基金 留存利润 发行股票		内源融资
借入资金	发行债券 其他企业资金（各种商业信用） 民间资金（民间借贷和内部集资） 外商资金	直接融资	外源融资
	银行信贷资金 非银行金融机构（融资租赁、典当）	间接融资	

还有很多其他融资方式,如:风险融资、财政融资、国际融资等在这里就不一一介绍了。

第三节 中小企业融资的基本理论

中小企业融资过程实际上是一种融资结构变化的过程，融资结构反映了企业通过不同融资渠道筹资的资金来源组合关系。通过对企业的融资结构分析我们可以发现企业在融资行为、约束、结构等方面的变化规律。对企业目前融资结构理论的研究形成了许多不同的企业融资理论。

1.传统的融资理论

20世纪50年代初，西方经济学家就已经开始对资本结构理论进行研究。1952年，美国经济学家大卫·杜兰特（David Durant）将传统资本理论分为以下三大类：净利润理论、净营业收入理论和传统理论。这些资本结构理论是建立在若干假设基础之上的，主要是：首先，企业的资金来源只有债务融资和股权融资；其次，企业的税前利润不变，也就是说，企业的增长率为零，企业的年收益将以股息支付的形式付给股东；最后，企业没有所得税。

（1）根据净利润理论，负债可以有效地降低资本成本，企业的负债越高，其价值就会越大，当企业的负债率达到100%，企业的加权平均资本成本也会降到最低，企业价值就会变得非常大。这个理论有一个重要的前提：随着金融杠杆的增加，企业融资的风险不会增加，债权人和投资者也不认为企业的风险会增加。但这一假设与现实有很大区别，事实上在实际的情况中，随着杠杆率的提高，融资成本和融资风险必然会增加，企业价值也会随着风险的增加而大大降低，因此，这一理论夸大了杠杆的效应，忽视了财务本身的风险性。

(2) 根据净营业收入理论，无论杠杆效应如何变化，企业对于资本成本的加权是固定的，而且企业的总价值也是不变的。由此看来，这两种理论其实是相反的，并且该理论一直认为企业的资本结构和企业本身的价值总量无任何关系，这在一定程度上夸大了财务本身的风险性，而忽视了杠杆的重要作用。

(3) 传统理论是净营业收入理论和净利润理论的有机结合。它更加注重于债务的轻微增加将有助于增加净营业利润的价值。但是如果企业的负债率特别的严重也会对企业的资本成本提高具有非常严重的影响，会直接导致企业价值的下降。因此，传统理论具有折中性，就是认为确实存在那么一个资本结构，可以保障企业的市场价值得到最大化，并且需要通过杠杆作用才能得以实现。这个理论看起来更加的现实，但更多的是基于经验，不需要经过严格的数学计算来推导得出。所以说其没有理论支持，很难令人信服。

换句话说，传统企业的融资理论都是基于经验的，没有科学的数学逻辑推导和统计分析。

2.现代企业融资理论

（1）莫迪利亚尼-米勒理论（MM理论）是1985年美国经济学家莫迪利亚尼（Modigliani）和米勒（Miller）在《资本成本、企业财务与投资管理》一文中提出的。该文章指出，在完善的市场中，即在不存在企业和个人所得税、不存在企业破产风险、资本市场能够有效地运作等假定前提条件下，企业的资本结构其实与企业的市场价值并无关系。这个结论简洁、深刻并与流行的观点相反，在理论界引起了轩然大波，被后人称为MM理论。MM理论的发展经历了三个阶段，从最初的MM理论（MM的无税模型）到修正的MM理论（MM企业税模型），最后到米勒模型。

最初的MM理论：企业在不考虑其所得税的情况下，当风险一定时，企业的资本结构与企业的市场价值无关。

修正的MM理论：就企业税而言，利息具有税收担保的功能，企业价值会随着债务融资的增加而增加。因此，当企业的负债达到100%时企业是最佳资本结构，企业的利益达到最大化。

米勒模型把个人所得税这个因素也考虑进去，认为个人所得税在某种程度上抵消了企业利息支付的节税利益，极大地降低了负债企业的本身价值，但与MM理论一样，该理论也认为企业资本全部来自负债时,市场的价值达到最大。

MM理论也成功地运用了数学的模型,揭示了企业在融资结构中负债的真正意义,并且对于企业融资理论来说具有重大的意义。但它的假设不符合实际情况,人们对此理论的有效性是持怀疑态度的。

(2) 权衡理论也称平衡理论是在20世纪70年代中期批判MM理论的基础上形成的一种融资结构理论,代表人物有罗比切克（Robichek, 1967)、考斯（Korth, 1973）、梅耶斯（Mayers, 1984）、鲁宾斯坦（Rubinmstein, 1973）、斯科特（Scott, 1976）等人。

权衡理论认为MM理论在主张企业负债率越高价值越大的过程中,没有考虑随着其债务的增多企业的风险也随着增大,使企业陷入财务亏空的概率增加,而且会带来额外的成本,最终使其市场价值下降。

根据权衡理论,限制企业无限追求免税优待和债务价值最大化的因素是企业因为债务的增加而形成的企业风险与费用。所以说,企业的最优融资结构应包括:在企业债务价值最大化、债务增长引起的企业危机成本以及代理机制结构中选择最合适的企业融资点。

权衡理论可以说是MM理论的再修正,因此更加接近实际,但该理论仍然局限于破产成本和税收利益的框架内,实际上,企业的股东和债券持有人会直接影响企业财务的决策。由于各个利益相关者之间的信息不对称,其各自的功能也不一样，不同的融资结构也会直接影响到企业运营的选择，从而影响企业的总价值。而且，财务危机成本和代理成本很难量化，因此该理论很难在现实生活中运用。

3.不对称信息理论下的新融资理论

将早期和现代的企业财务融资理论中的均衡问题转化为结构和系统制度上的设计问题，是企业在融资结构理论上的一大进步。对于这些理论的研究并不在于延续先前的企业最佳融资结构，而是试图将信息不对称理论中的"信号""动机"和"激励"概念从现在企业的"内部因素"转化为其他因素，以供企业进行融资问题的研究和分析。

（1）激励理论结合了心理学、社会学以及经济理论。这也是权衡理论进一步的深入发展，它主要探究了企业融资结构与经营者行为之间的关系。该研究理论认为，企业的融资结构会直接影响到运营商的职业道德和行为决策，进而影响企业的现金收入，最终影响企业的自身价值。它主要包括代理成本模型、债务减少模型、担保模型等等。

（2）信息传递理论主要是讨论了企业如何在不对称的信息环境中利用适当的技术向市场传达企业的价值，从而影响投资者的投资决策的理论。该理论表明，企业家应通过适当的企业行为向外部市场传达一些企业相关的运营信息，并向外部投资者展示出企业的未来发展价值。当外部投资者对企业发行的证券进行科学合理估值时,他们还会寻求财务和投资政策方面的信息来进行参考。信息传递理论包括两个模型:通过债务比来传递信号的罗斯模型(Ross)和通过企业内部持股人的比例来传递信号的Leland and Pyle模型。

(3)优序融资理论也被称为"层次理论"。这也是一个关于企业资本结构的理论。1984年,美国著名的金融科学家迈尔斯(Myers)和智利科学家迈洛夫(Mylov)提出了这一理论,并且认为它是基于信息不对称理论,综合性地考虑了交易成本的存在。他们认为,企业在为新项目融资时,会优先考虑企业内部的盈余问题,其次就是选择债券的融资模式,最后才会考虑通过企业股权进行大规模的融资。这种方式即遵循内部融资、外部债权融资、外部股权融资的顺序。在MM理论的信息对称与不存在破产成本的假设前提条件下,当存在企业外部投资者与内部经理人之间的信息不对称时,由于很多的企业投资者并不是非常了解企业的真实经营情况和发展前景,所以他们只是根据企业的市场价值期望来支付相对应的投资成本,而如果企业通过这样的一种方式来进行外部融资,就会极大地引起企业总价值的下跌,所以企业增发股票其实是一个非常不好的消息。如果企业有一定的内部盈余,企业肯定会首先选择内部融资的方式来扩大企业生产。当企业需要依靠外部资金来生存时，就可以采取发行与不对称信息无关的债券的方式，这样一来企业的总价值其实并不会下降，所以很多时候债券融资优先于股权融资。

（4）根据控制权理论来看，在资本市场理想化的假设下，企业的资本结构除了企业所得税外与企业的价值并无关系。这也就是著名的不相关定律，即MM理论。实际上，并不存在MM理论的假设，因此资本结构不会出现没有作用的时候，并且它也绝对会影响企业的实际价值。MM理论确定了企业在融资决策中最重要的关系，即经营者的目标和行为与投资者的目标和行为之间的相互作用，从而为人们能够进一步探索资本结构与企业价值之间的关系提供参照，是现代资本结构理论的基础。

企业金融成长周期理论是Weston和Brigham在1970年提出的一个假设，可以更好地解释中小企业融资结构的变化。企业的生命周期最初分为三个阶段：初期、成熟期和衰退期。后来被进一步扩展为六个阶段，如表2-2所示。

表2-2 企业的生命周期

阶段	融资来源	潜在问题
创立期	创业者自有资金	低资本化
成长阶段	以上来源+保留收益、商业贷款、短期银行贷款及透支、租赁	存货过多 流动性危机

续　表

阶段	融资来源	潜在问题
成长阶段	以上来源+来自金融机构的长期投资	金融缺口
成长阶段	以上来源+证券发行市场	控制权分散
成熟期	以上全部来源	保守的投资回报
衰退期	金融资源的退出：企业并购、股票回收、清盘等	下降的投资回报

第三章 中小企业融资问题研究综述

第一节 国内中小企业融资问题研究综述

1.国内对中小企业融资困境成因研究

（1）中小企业自身缺陷角度的研究

欧阳海泉（2000）从我国的中小企业本身的缺陷性出发科学地分析其融资困难的成因：企业员工的综合素质较低、相关产品的科技含量不高、财务制度不完整和不规范、企业的贷款信用不足致使企业很难获得商业信用和银行信用的保障等。李扬、杨思群（2001）指出，中小企业资信等级差，倒闭率高，且存在贷款抵押担保缺乏的问题。王铮、吴斌（2004）提出要建立信用体系、建立职业经理人和职业化管理，合理分配剩余价值，注意利益相关方的利益均衡及相互制约。康晶（2007）分析得出主要影响中小企业融的因素有：企业的自身组织、管理结构和能力、对市场拓展的能力以及企业财务的资源等。周月书（2009）从微观层面分析得出，企业的管理水平、企业规模、资信水平、经营风险等企业成长因素是影响企业融资的重要因素。中小企业在这些方面具有明显不足之处。杨雪（2011）提出，不完善的企业信用评估系统会严重影响中小企业融资问题。王大华（2010）分析指出，中小企业普遍盈利水平不高、留存收益少、内源融资能力差、企业规模小、抵押资产不足、企业管理相对落后以及财务管理制度不完善。

(2) 信息不对称方面的研究

徐洪水（2001）提出，金融压抑是造成金融缺口的根本原因。实际利率没能满足实际资金供求，于是出现了资金有效供给不足而需求过度的局面。信息的不对称进一步缩小了银行的货币供应，并扩大了企业的资金缺口。王召（2003）在研究中小企业融资的相关问题时，以信息经济为出发点，指出信息不对称是中小企业财务困难的主要原因。高正平（2004）指出，狭窄的融资渠道只是中小企业融资困难的表面原因，而更深层次的因素则是由信息不对称等诸多因素引起的。林毅夫（2001）认为，我国中小企业的透明度较低，导致信息披露不充分和严重的信息不对称，增加了中小企业的财务困难。余学华（2005）等人认为信息不对称会导致信贷配给困难。根据对我国自身实际情况的分析，信贷配给有两个影响因素：一方面是市场限制，另一方面是我国计划经济体制的惯性作用。中小企业融资难有三方面原因：企业的内源性融资能力差、不对称信息的影响、政府的过度参与。杨丰来（2006）提出，信息不对称原因是现阶段金融机构和企业之间普遍存在的问题，银行为了能够更好地规避信息不对称带来的道德风险问题，而不愿意对中小企业的放贷。与大型企业相比，中小企业的所有权和控制权联系比较密切，道德风险问题也更为突出，在这一理性分析下，银行倾向于向大企业配给资金。

（3）制度方面的研究

现阶段，我国的信用担保体系并不完善。陈家贵和郭超贤（1999）指出，中小企业的融资很难受到所有权的影响，而且我国没有专门针对中小企业的服务机构，例如信用担保机构。此外，中小型企业的信用评级很差，出于理性经济原因，银行更喜欢大企业。张杰（2000）认为，当前，我国的所有制制度是造成金融机构的主导地位的重要因素，而且也使得很多的金融体制更加偏向于一些大型的国有企业。国有企业因为习惯了国家金融支持而产生依赖，撤离金融支持会对其产生巨大影响，由此形成信贷资本化，导致我国的中小企业融资受到非常不公平的待遇。由此看来，我国中小企业融资困难的情况很大程度上是由融资制度引起的。我国目前现有的制度让中小企业在进行直接、间接融资上都受到了不同程度的影响，而且中小企业在金融市场也鲜少享受到优惠扶持政策，在某些方面还存在着明显的不公平待遇。中国人民银行上海课题组（2001）也同样指出，虽然自身资信水平低是造成中小企业融资困境的原因。但是，目前金融市场还没有健全的中小企业特色服务，缺乏对其专门性针对性强的金融服务。我国社会并没有确切的对中小企业的信贷支持体系。这些都严重限制了中小企业融资的顺利进行。王爱俭、张全旺、于学伟（2004）提出我国金融体系主要是服务于国有经济，而且银行对于中小企业并没有积极的开放贷款业务，也没有专门性针对我国中小企业服务的金融机构，因此很多的中小企业就会进行地下融资。柳俊涛（2004）指出我国金融市场的结构出现了失衡的现象，与股票市场和债券市场比较来看，当前我国在产权市场和长期的金融借贷市场上的发展还处于比较落后的阶段。债券市场也存在明显的失衡。企业债券和金融市场发展相对滞后，与之相比我国的国债市场就比较发达。资本市场发展的不平衡之处是我国交易市场上债券比股票的规模小，而发行市场则是股票发行规模小，债券发行规模大。杨安宁、史敏贤（2015）提出，我国政府的相关做法对中小企业的融资有一定的阻碍，而且目前我国金融市场的机制不规范，进而导致中小企业的融资问题一直得不到解决。

除此之外，国内学者还提出一些其他看法。李志赟（2002）发现，中小企业的非匀质性、交易成本和贷款抵押是影响中小企业从银行获得贷款的三个重要因素。他认为当前我国应注重发展为中小企业服务的金融机构。易纲（2000）提出信贷市场的一个最显著特征就是：银行天生就喜欢大客户。李扬和杨思群（2001）在实地考察了我国中小企业融资的外部环境后提出：阻碍我国中小企业进行融资交易的原因主要就是信息不对称，它也受到转轨经济独特的制度性障碍和结构性缺陷的影响。张杰和王晓（2002）的研究表明，金融增长周期定律也适用于我国中小企业金融结构的变化。我国中小企业面临财务障碍的主要原因是普遍存在的歧视问题，这不仅仅是经济转型时期所特有的。

2.国内对中小企业融资结构的研究

我国目前对中小企业融资结构的研究还不成熟，大多是从国外借鉴的。张维迎（1995）指出，融资方式选择在很大程度上会影响融资结构，进而对企业的治理结构、市场价值都造成很大的影响。佟光霁（2001）指出，研究中小企业最佳资本结构决策，通过理论分析可以从诸多选择中找到一个最优选择，这时有负债的边际成本等于边际收益。他认为，中小企业在信息不对称的情况下，需要对企业的资本结构进行适当的调整，比如保持企业债务比例的稳定性，因为债务融资可以获得利息免税的优势。此外，当存在代理成本时，企业债务融资不可以高于特定的点，这样就会抵消避税利益。此外，企业应把握好投资的机会。侯博（2010）指出我国中小企业融资结构的实际现状主要就是太过于依赖内源融资形式，而且大部分企业都是通过债务融资形式的外源融资。而企业融资结构存在的问题有：企业自我积累的能力差、融资渠道少、负债率高等。

3.国内对于解决中小企业融资困境对策的研究

李扬和杨锡群（2001）建议解决信息不对称的问题：如果银行可以更好地了解中小企业的信息，那么他们可以增加对中小企业贷款的信心。本地中小型银行在获得本地中小型企业的业务信息方面具有明显的优势：渠道多、成本低、信息更真实。因此，我们现阶段需要大力发展地方性银行来快速解决各地方中小企业融资的难题。王信玉、张玉芳（2003）认为中小金融机构应该有针对性和专业性的服务中小企业，因此应积极地帮助更多的中小金融机构成长，中小型金融机构可以更好地满足中小型企业的需求，并为他们提供更具针对性和更高质量的服务。郭石（2004）指出，应该增加对中小企业的法律和法规的支持。良好的法律制度可以消除由于法律缺陷造成的阻碍中小企业健康发展的障碍，应保护其发展的法律道路通畅。张红雨（2006）从银行角度提出解决中小企业融资难的对策，认为银行应该创新经营理念，合理协调经济政策的执行和自身的发展，进一步改进中小企业的信贷服务体系。王蒙、朱春山（2008）指出要协助拓宽中小企业融资渠道，合理引导资源的有效配置，进一步促进金融市场的完善，总之，解决中小企业融资困境要靠市场机制进行调节。徐立民（2009）指出我国的中小企业需要不断地完善和发展自身的管理结构，并制定出更加完整的融资决策方案，进行科学合理的融资，并在融资的过程中特别注意融资信誉和渠道问题。刘立丽（2009）指出我国现阶段的中小企业需要不断地强化诚信意识，及时地进行贷款的还款和续贷，并积极地探索出更多的融资渠道，保障中小企业融资的顺畅。陈建明（2012）提出目前中小企业通过银行贷款进行融资面临的问题是需要支付高额的利息。中小企业通过贷款获得的利润很大一部分需要支付银行利息，从而影响了中小企业的经济效益和进一步发展。针对这一问题，银行应制定一些许可贷款政策，以支持中小企业的发展和增长。张建波（2015）指出，融资选择对中小企业非常重要，错过最佳机会对企业的盈利能力会产生巨大影响。因此，企业家应采用最佳的融资方案。

第二节　国外中小企业融资问题研究综述

20世纪20年代末，英国政府最先认识到资金缺口制约着中小企业发展这一问题。金融危机后，英国金融产业委员会在发行的《麦克米伦报告》中提出著名的"麦克米伦缺口"（Macmillan Gap），也就是中小企业的资金供不应求。

这份报告认为，中小企业在发展过程中存在着非常大的资金缺口，是金融体系远远不能提供给中小企业的数额。因此，许多中小企业由于需求未得到满足而限制了其发展，这已成为制约其进一步发展的最重要因素之一。"Macmillan Gap"概念一经引入便引起了极大的关注，许多学者对此表示肯定或怀疑，从而引发了对中小企业融资问题的研究。

关于中小企业融资难的原因，普遍接受的观点是信息不对称。交易双方在交易过程中对信息的掌握不同。信息充足的一方通常比信息不足的一方处于更有利的位置。中小型企业在融资过程中面临着信息不对称。中小企业更加了解自己的情况，但是银行和一些信贷机构不了解他们的业务，导致其不愿向中小企业提供贷款，因此中小企业很难进行融资。金融机构难以获得中小企业真实、可靠的交易信息，这就削弱了银行和其他金融机构向中小企业贷款的意愿，从而加剧了中小企业的融资难度。美国经济学家罗斯（1977）率先将信息不对称理论应用到企业资本结构的研究中，并建立了激励信号模型来分析企业资本结构的定义。

Stiglitz和Weiss（1981）提出了一种信贷配给理论，因为信息不对称引起的逆向选择是信贷配给的主要原因。与大企业相比，中小企业很难从银行和其他金融机构获得资金支持。该理论表明，在信息不对称的情况下，银行和其他金融机构以及中小企业将不可避免地面临道德风险和逆向选择，这将导致银行和其他金融机构的信用风险显著增加。

根据信贷配给理论,银行等金融机构出于盈利和降低风险的目的会偏向于贷款给那些规模比较大或者有足够抵押资产的企业。

随后的一些研究也支持信贷配给理论。Ang(1991)指出,由于资金渠道有限,中小企业与银行的谈判地位往往处于弱势,并且很难从大企业的优惠条件中受益。Berger和Udell(1995)通过实证研究发现在向中小企业提供贷款方面,中小银行比大银行更具有主动性。这主要表现在:中小银行的中小企业贷款额的比率要显著地高于大银行,因此便产生了"小银行优势"的假说。Peak和Rosengren(1996)发现,新英格兰银行业在1993—1994年合并之后,中小企业获得的信贷额度也比以前少了。Berger(1998)在检查了1993年对美国中小企业的调查数据后得出了相同的结果。小型银行合并后,它们的信誉和对中小企业的贷款能力增强,这就表明中小企业贷款的成功率有所提高。但是,大型银行的合并未能给中小型企业带来好消息,这呈现出中小型企业获得的贷款比例下降的现象。

Strahan和Weston(1998)提出了匹配理论,他们认为小银行在合并之初具有多样化的好处,可以让银行的风险抵抗力加强,因此能够向小企业提供更多的贷款;但是,随着规模的不断增长,银行的投资会转向大企业,内部管理变得更加的复杂,对小企业的贷款比率。但是,Jayaratne和Wolken(1999)提出了小银行关于小企业信贷成本优势的假设，但并未得出相同的结论。英国的一项相关研究发现，新英格兰银行合并后，中小企业融资成功率大大下降了。

Hartis 和 Hert（1988）提出金融契约理论。Taylor（1988）提出，全球金融的自由化会使得利率普遍上升，但是这并不意味着资本市场的资金供给会随之上升，另外，竞争的加剧使资金更多地流入大型企业，使得中小型企业融资更加困难。他研究了企业的负债股权比，管理控制权和投票权的关系。Agion 和 Bolton（1992）使用不完全契约的两期间模型分析了企业家和股票投资者之间控制权划分的重要性。Steel（1994）认为，抵押产品的严重缺乏、交易成本的居高不下以及一些长期以来积累的问题，使得中小企业在获得银行的贷款方面依然存在着较多的限制。Gerlter 和 Gilchrist（2001）通过对美国中小企业的研究发现：中小企业的财务状况在某种程度上受到金融周期波动的影响，而且中小企业对市场利率的敏感性要大于大企业。因此，与大企业相比，国内货币和财政政策对中小企业的影响也要大得多。而且中小企业在法律不完善的情况下，如果可以通过申请破产来减免债务，则金融机构就会减小对其放贷的意愿或者提出的利率补偿会更高。

针对这些研究，学者们提出了很多建议。Bester（1982）引入了贷款抵押甄别的机制，进而为低风险中小企业提供高水平的贷款抵押同时让企业享受很低的贷款利息，而高风险企业则相反，这是为了减轻信息不对称所带来的影响。

Banerjee（1994）提出了"共同监督"假说，这个假说主要适用于一些合作性的中小金融机构。该假说认为，如果中小企业为共同的利益而进行合作，成为一个利益共同体，那么彼此之间就会相互监督。由于合作的中小企业彼此信息获取更加方便，了解得到更加真实的信息，就会使得银行等金融机构难以获得的信息优势，所以使得这一相互监管制度变得更加有效，从而提高了中小企业整体的资信水平。Gregory和Tanev（2001）认为，我们需要发展各种形式的借贷，并增加私营企业对公众股的参与。例如：使银行能够对中小企业收取交易费用，进而增加对私人企业贷款的激励措施，以鼓励利率自由化等。Van Shen（2009）指出，中小企业对银行的关系投资具有重要的价值，良好的银行与企业的关系可以帮助企业获得银行的贷款。Berger（2012）指出，尽管中小企业不具备大企业的发展水平和竞争力，但由于许多中小企业具有良好的发展前景和巨大的发展潜力，银行也应该充分地信任中小企业。

第四章　我国中小企业总体概况

第一节　我国中小企业组织形式

企业的组织形式通常有：独资企业、合伙企业和公司企业。企业的组织形式不同，其产权构成也不同，致使其承担的法律责任也不尽相同。

独资企业是单个自然人独立投资。因此，公司所有者拥有完全的权限来做出业务决策以及独立地做出有关经营方法和人员招聘的决策。但是，独资公司不具有法人身份。如果一家企业倒闭而破产，则该企业所有人应承担无限连带责任。

合伙企业是两人或两人以上共同出资，通常是依据合同或者协议组织起来的，因此组织结构相对而言不稳定。商业伙伴对各自公司的债务承担连带责任。如果一个合伙人无法偿还必须分担的债务，则另一合伙人必须承担连带责

第四章 我国中小企业总体概况

任。显然，这不同于所有权和管理权分开的公司。与独资企业相比，单个合伙人决策自由度受限，最终决策通常需要所有合伙人集体商议做出。并且依据相关法律规定，如果合伙人在转让其所有权时需征得其他合伙人的同意方可进行，有些情况下甚至需要先行修改合伙协议而后才能进行转让。由此可见，合伙企业所有权转让有时较为困难。但是，合伙关系的好处是多人参与，这通常在企业规模上提供一些好处。

公司企业是所有权和管理权分离，出资者按出资额对公司承担有限责任的企业，主要分为有限责任公司和股份有限公司。有限责任公司指不通过发行股票，而由为数不多的股东集资组建的公司（一般由2人以上50人以下股东共同出资设立），进而让资本直接变为等额的股份，从而造成股东让出股份时受到很大程度上的限制。在有限责任公司中，董事和高层经理人员往往都具有股东的身份，股份有限公司的所有权和管理权的分离程度更高。此外，有限责任公司也不需要向社会公布财务状况，而且有限责任公司成立和解散的程度以及管理机构都相对简单，非常的适合中小企业。股份有限责任公司的所有注册资本均由等额股份相组成，并通过发行股票（或债券）来增加企业的资本（应当有2人以上200人以下为发起人，注册资本的最低限额为人民币500万元）。其主要特征是：当公司的资本被等额地分为相应的股份之后，股东就会承担公司相应的有限责任，而公司将会承担的就是所有的债务责任；每一股有一表决权，股东以其持有的股份，享受权利，承担义务。

对于中小企业来说，选择适应自己的组织形式对企业的生存和发展至关重要。选择企业组织形式要充分考虑自身所处的行业特点，还要考虑自身承受能力范围、企业能筹集到多少资金、企业管理人的能力如何。创业初期的中小企业常采用费用低廉、程序简单的独资企业和合伙企业。当企业逐步发展，各方面积累水平都达到一定高度，对资金需求量更加巨大时，这两种组织方式无法满足其规模扩张和资金需求，可采用公司企业。

目前我国的中小企业绝大多数采用独资企业和合伙企业的组织形式，少数具有良好发展潜力的高科技型企业采用有限责任公司制。有限责任公司制促进了募集资金使公司的发展和壮大，经营权与行政权的分离实现了专业化管理，为公司规范化经营提供了明显的优势。随着中国中小企业的快速发展，他们正在不断完善自己的组织形式。

表4-1 我国中小企业组织形式（单位：%）

年份	1993	1995	1999	2001
独资企业	48.4	46.0	34.7	43.1
合伙企业	23.8	18.1	7.0	8.2
公司企业	27.8	35.9	58.3	48.7

从表4-1中比例变化可以看出，我国中小企业的组织形式在不断完善。

第二节 我国中小企业的总体概况

1.中小企业数量概况

根据国家统计局的数据，截至2018年底，有36.9万家中小企业，比2017年底减少了6494家，这是2011年以来第一次出现负增长；占全部规模以上工业企业户数的97.6%。其中，中型企业5.0万户，占中小企业户数的13.5%；小型企业31.9万户，占86.5%。

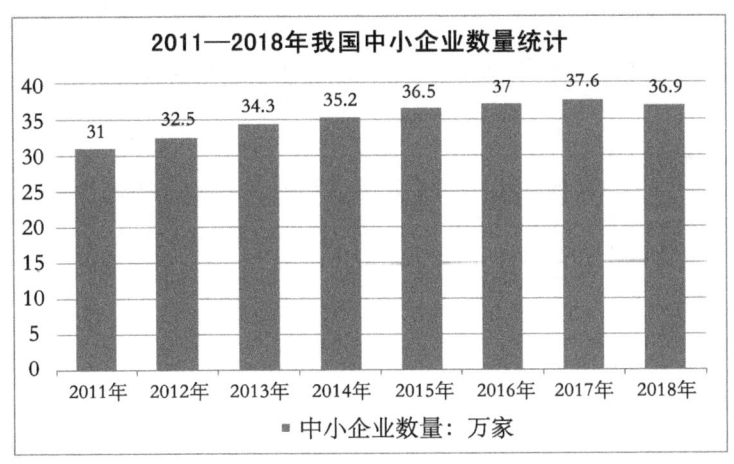

图4-1 2011—2018年我国中小企业数量统计

2.中小企业地区分布概况

我国东部、中部、西部三大地区的中小企业所占企业总数的比例都比较高,但是各区域企业数量的差异却比较明显。

2009年数据显示(见表4-2):中、东、西这三大区域的环比的比例大概是1:6:1。西部区域占全国中小企业数量的比例为9.5%,中部占到19.8%,而东部的这一比例却高达70.7%。据2009年统计数据,我国共有企业约434364家,其中大型约3254家,中小约431110家。东部中小企业约304715家,中部中小型企业约85146家,西部中小企业约41249家。由此可见,中小企业在我国东、中、西三大区域分布呈现出由西到东依次递增的明显阶梯状。这与我国区域经济发展状况吻合。

表4-2 我国三大区域企业分布(数量单位:家)

地区	全部企业	中小企业		大企业	
	企业数量	企业数量	比例	企业数量	比例
西部	41704	41249	98.91%	455	1.09%
中部	85936	85146	99.08%	790	0.92%
东部	306724	304715	99.35%	2009	0.65%
全国	434364	431110	99.25%	3254	0.75%

注:2009年工业企业资料统计数据。

第四章 我国中小企业总体概况

2018年数据显示分地区看,东部、中部、西部和东北地区中小企业数量分别为21.5万户、8.7万户、5.2万户和1.6万户,占全部中小企业户数比重分别为58.2%、23.5%、14.0%和4.3%,比上年末分别减少1429户、2980户、1218户和867户(见图4-2)。

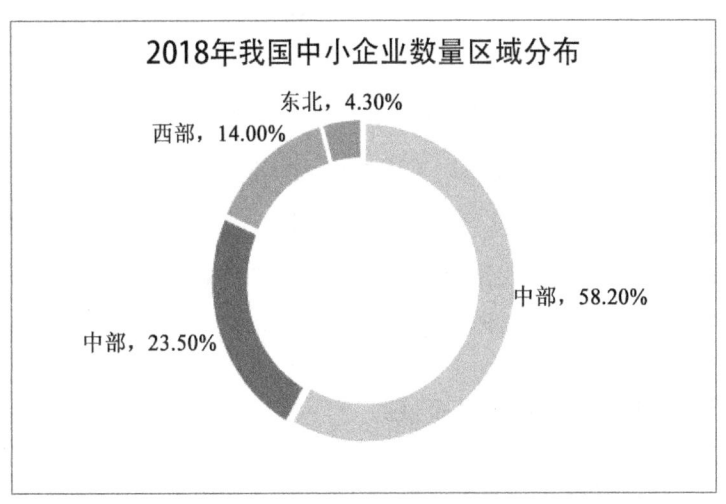

图4-2 2018年我国中小企业数量区域分布

资料来源:国家统计局,华经产业研究院整理。

3.中小企业省市分布概况

从省级行政区的企业分布情况来看,我国的中小企业分布也极不平衡。其分布特点是,主要集中在东部沿海城市,只有12个省级区域中小企业分布比例超过全国均值。根据2009年的工业企业统计数据显示，从省级区域来看，中小企业占企业总数的比例，山西省最低为96.84%，浙江省最高为99.68%。中小企业数量居于前五的省份是：江苏、浙江、广东、山东、辽宁。这几个省份的中小企业数量均超过两万家，占到全国中小企业总数的55.75%。2018年数据显示：从各省市的情况来看，中小企业数量占全部中小企业数量比重超过5%的省市有6个，分别为广东（12.4%）、江苏（12.1%）、浙江（10.8%）、山东（10.2%）、河南（5.8%）、安徽（5.2%），其中，江苏、浙江、山东、河南和安徽中小企业户数比上年末分别减少2356户、271户、1869户、1904户和1015户，广东比上年末增加4354户。

4.中小企业行业分布概况

分行业看，制造业、采矿业中小企业户数分别为34.8万户、1.1万户，占全部中小企业户数的比重分别为94.1%、2.9%，比上年末分别减少1505户、5361户；电力热力燃气及水生产和供应业1.1万户，占全部中小企业户数的3.0%，比上年末增加621户。

在31个制造业中，有9个行业的中小企业数量占中小企业制造业总数的5%以上。它们是：非金属矿物制品业（10.0%）、农业和第二食品产业（7.1%）、一般设备的生产（6.8%）、金属产品（6.8%）、电机和设备的生产（6.7%）、化学原料和化学产品的生产（6.6%）、纺织工业（4%）、橡胶和塑料（5.3%）、专用设备（5.1%），如图4-3所示。其中非金属矿物制品业、农副食品加工业、化学原料和化学制品制造业、纺织业中小企业的户数比上一年末分别减少719户、1428户、1289户、1019户，通用设备制造业、金属制品业、电气机械和器材制造业、橡胶和塑料制品业、专用设备制造业比上年末分别增加40户、2764户、265户、178户、210户。

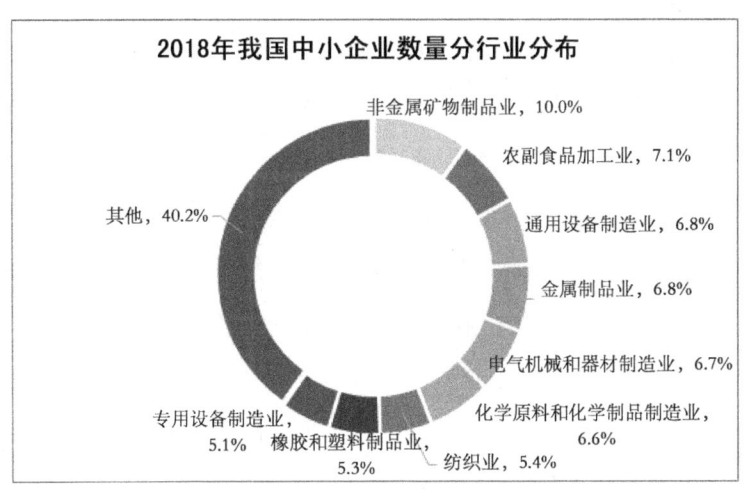

图4-3 2018年我国中小企业数量分行业分布

资料来源：国家统计局，华经产业研究院整理。

第三节　我中小企业发展水平

　　私营公司和中小企业是中国经济和社会发展的重要动力。党中央和国务院对此高度重视。各种决策机制和对企业友好的政策正在加速发展，中小型企业出现了较多积极变化。但当前中小企业发展仍面临复杂严峻的局面，我国中小企业发展依然步履维艰。中国行业信息研究网发布了《2018年中国中小企业发展战略与融资战略的研究报告》，发现日本和欧洲的中小企业的生命周期可以长达12年，而在美国则可以超过8年，但是在中国的时间只有3年。这主要的原因在于它存在于很多不成熟公司的运营系统中。在中国人口众多、经济落后、技术和设备薄弱的条件下，很多小型企业主要集中在一些劳动密集型产业和技术成分较低的传统产业上。根据对418869家村级独立核算工业企业的固定资产吸纳劳力的统计数据分析，初始的固定资产值在1000万元以下的企业有396515家，占94.66%。固定资产吸收的工作相当于固定资产。原始资产为公司价值的4.3倍，初始值为1000万元人民币。初始固定资产价值在1000万元以下的工业企业占全部独立记录的工业企业固定资产的20.9%，吸收的劳动力达到全部独立记录的工业企业的53.3%。与此同时，由于大多数中国的中小企业使用传统技术来从事农业、畜牧业、渔业和其他传统产业,因此中国中小企业的规模相对较小,其产品的科学技术含量较低。

中小企业在当前市场竞争中处于非常明显的弱势地位。这是由于中小企业在物力、财力、人力等资源方面与大型企业相比有严重劣势。但其作用举足轻重,地位无可替代。据统计,中国的中小企业提供了近80%的就业机会。2009年,工业企业从业人员8831.21万人,其中中小企业7877.65万人,占中小企业总数的76.86%。工业总产值5483.1122亿元,其中中小企业总产值3724.989亿元,占67.94%。中小企业工业出口总额占出口总额的57.62%。中小企业产品销售收入36.3309亿元,占销售总额的67.71%。但是,人均营业额低于大公司。2009年,受金融危机影响,中国有396家大型公司亏损,占亏损公司总数的0.66%。中小企业中亏损的企业达59472家,占到了总数的99.34%。中小企业亏损比例远远高于大型企业。

第四节　我国中小企业发展特征

1.我国中小企业数量持续增长

近年来,我国的中小企业数量显著增加,每年达到近10000家,并呈现出逐年增加的趋势,由于金融危机的影响,

2009年中小型企业的数量下降了。2018年是2011年以来的首次负增长。截至2018年底，中国中小企业数量超过3000万，个体工商户数量超过7000万，占国家税收的50%以上，占GDP的60%以上，超过70个技术创新绩效的百分比。通过实施一系列支持中小企业发展的中央和地方政策，将为我国中小企业的发展带来更多的机会，更多的空间和活力。但与此同时，由于我国不同地区经济发展存在一定差异，不同地区中小企业的发展不平衡，差距正在进一步扩大。

2.我国中小企业对就业贡献巨大

国有企业对就业的贡献变化较小，但私营为主体的中小企业的贡献较大，即便是在发生金融危机后的2009年仍为社会新增1369万个就业岗位。截至2018年底，中小企业为80%以上的劳动力提供了就业机会。因此对私营企业加以政策扶持，降低其市场准入门槛，有利于改善民生，促进社会稳定。

3.我国中小企业经营效益不高

与大型企业相比，数据表明中小企业应对金融危机的适应力较差。对于当前的经济形势，中小企业受到新情况的影响会更大，如国家政策方面，中小企业就遇到更多困难。生产要素价格上涨，中小企业出口就会受到不利影响。

4.必须提高我国中小企业的创新潜力

虽然目前中小企业已经开始意识到创新的重要性，但是对于创新的投入力度还不够大，使得我国中小企业产品在市场上的核心竞争力还不够强。尤其是在目前成本优势难以持续的形势下，加大企业创新能力，提高企业科技含量迫在眉睫。

第五章 我国中小企业的地位与作用

回顾中小企业发展的历史,不难得出中小企业不断在市场上出现和消失的结论。尤其是在当今快速的技术变革中,当前的经济发展呈现出这样的趋势:公司的规模越来越小,中小型企业的数量不仅在增加,而且在国家经济生活中的地位也在上升。

中小企业在经济和社会中的作用主要表现在以下几个方面。

1.促进国民经济增长

中小企业是国民经济健康发展的基础和重要增长点。可以说,中小企业在很大程度上是经济发展的主要动力。随着上市经济的发展,这种类型业务的出现需要更加的多样化和分散化。中小企业以其庞大的数量优势,触及了社会生活的很多领域,行业覆盖面非常广泛,对于推动国民经济的发展起着无可替代的作用。

作为发达国家和发展中国家最活跃的成员,中小企业已经创造了巨大的国民财富,并为经济增长做出了有效贡献。中小企业在我国的重要性显而易见。根据数据显示,我国中小企业贡献了50%以上的税收、60%以上的GDP、70%以上的技术创新、80%以上的城镇劳动就业和90%以上的企业数量,是实体经济转型升级的主力军,国民经济和社会发展的重要保障,推动经济实现高质量发展的重要基础。

2.缓解就业压力

中小企业极大地缓解了就业压力,是社会稳定的重要保证。良好的就业可以极大减少社会的闲散人员,无事生非的不安分子大大减少,有利于国家安定。由于中小型公司大多是劳动密集型产业,因此中小型公司对创造就业的贡献显著高于大公司。他们对员工的要求不高,对技能的要求更低,并且具有更高的接手能力。大型公司大多是资本密集型行业,他们在开发过程中使用机器替代体力劳动,并且其劳动力需求比中小型公司低得多。中小企业具有自己鲜明的特点:涉及面广、经营性灵活、投资量少、开业速度快、对员工技术要求低,并且多为劳动密集产业。中小企业多分布于城乡各地,这就使得中小企业具有大量吸收劳动力的潜能,为社会提供大量的就业机会。我国中小企业吸收了国有企业和农村的剩余劳动力,可以吸纳大企业无法触及的偏远人群,为社会稳定做出了巨大贡献。研究数据表明,中小企业的发展有效地提高了我国的就业水平,为社会的稳定和谐发展做出了贡献,为满足现代劳动力市场的需求提供了重要的平台。

3.扩大出口贸易

在国际贸易过程中,一方面,中小型公司向大型公司提供便宜的部件和劳务服务,并促进大型公司的进出口业务(间接出口);另一方面,也独立生产具有本身特点的优势产品出口(直接出口),为活跃我国经济和参与国际竞争做出了巨大的贡献。中小企业的发展极大地增加了我国产品的出口量,在国际市场上也具有一定的优势,为我国进出口贸易的快速发展做出了极大的贡献,从而促进了中国经济的快速发展。

4.促进大企业的发展

大企业和中小型企业在产业与产品结构上有所不同,尤其是当外部环境条件发生变化时,小企业可以凭借其经营的灵活性、反应速度比较快等优势弥补大企业运转周期较长、周转不灵的劣势,为市场注入活力。

5.推动技术创新

中小企业规模小,业务方法灵活,技术创新的机会成本相对较低。他们在技术创新方面比大公司具有更大的活力和优势。中小企业在技术创新方面取得了长足进步，并正在推动技术向生产力的转化。我国传统中小企业多处于劳动密集行业，而且资本投入也相对较大，目前呈现出技术和知识含量显著增加的变化势头。激烈的竞争使中小企业不断推进科技创新，已成为国际技术进步的重要工具之一。近年来，越来越多中小企业加入高新技术行业，并且呈现出创新意识强、创新动作快的特点，成为科技创新的重要冲锋力量。在高新技术产业领域，许多中小型企业把高校或者一些科研单位的研究成果转换为现实的生产经营，把理论应用到了实践中，不断地催生出新的产品与技术，对推进我国的技术创新提供了很大的帮助。

6.促进社会多元化的需求

相对于大企业的标准化生产和经营，中小企业所提供的产品与服务更加个性化和具有时效性。中小企业进入或者退出市场的成本较小，对市场的供需反应更加灵活，可以满足不同层次消费者的需求。

7.促进地方经济发展

中小企业可以更好地针对地方特色，与地方经济的发展关系紧密，对地方资源了解更充分、利用更方便。大型企业庞大的生产规模决定了其集中管理难以获得高效率，必须采用分层管理，能够对大宗资源加以有效合理利用。但是我国幅员辽阔，而且各地发展不平衡，对于分散的资本，大型企业要利用，会受到运输管理成本的制约。这些零散的地域性资源，中小企业去加以利用就具有比较明显的优势。此外，中小企业更容易实现地方乃至社区特色。

8.增加国家及地方财政收入

中小企业为国家财政收入，特别是地方预算收入做出了巨大贡献。这一贡献主要体现在两方面：其一，数量众多的中小企业创造了超过40%的工商税收；其二，中小企业对员工技能要求相对较低，为相对低技能的劳动力提供了很好的就业机会。我国有超过2亿的农村劳动力就是被地方性中小企业吸纳。这不仅有利于社会稳定而且大大减少了国家在社会保障方面的支出。

9.活跃市场，促进市场竞争

中小企业极大促进了市场活跃。中小企业从事的行业决定了其经营灵活、贴近市场的特点。对于突发性的市场变化，大型企业"车大难刹"，中小型企业却"船小易回头"。并且数量庞大的中小企业是市场经济的活力因素，打破了大企业的垄断，推动了市场竞争机制。

第六章　我国中小企业融资现状

中小企业的作用至关重要已经毋庸置疑了。随着社会经济发展的加快，社会经济发展措施及相关措施的实施极大地优化了中小企业成长与发展的外部环境。中小企业对财务管理的认识稳步提高，专业化水平日益提高。但是中小企业融资依旧困难。通过对世界不同国家的情况分析发现，无论是工业化国家还是发展中国家，甚至是新兴市场国家和经济转型国家，中小企业在科技创新、吸纳就业、创造GDP和进出口贸易等方面的重大贡献决定了它举足轻重的社会地位，其重点体现了中小企业的全局性和战略性。然而，中小企业又普遍面临金融资源获取困难、高技术转移壁垒和人才匮乏等难题，其中尤以融资难最为突出，广为人知，构成了中小企业的"弱势"之所在。造成"强位弱势"现实悖论的更深层原因在于信贷投放的首选方向即信贷偏好和融资歧视。所谓信贷偏好是指在现有金融监管制度下，银行类金融机构决定信贷资源分配的人为自身利益而进行的放款选择。在当前宏观审慎监管框架下，我国信贷政策实行的是信贷人员终身责任制，也就是说在业务过程中产生的不良贷款要由信贷员来独自终身承担，这势必造成银行类金融机构出现惜贷现象。要完成信贷任务，信贷人员将本能地选择和偏好信誉高、还款能力强的国有大企业。所谓融资歧视，是指商业银行更加偏重于向大企业融资，而排斥中小企业，特别是规模极小的微型企业。在商业银行业务经营中，大都是明确规定慎重地向中小企业放款，虽然国家政策三令五申，但是具体操作起来，中小企业仍然被排除在放款对象之外。目前，中国的中小企业仍然过于依赖内生融资。在债务融资方面，中国中小企业更喜欢间接融资，直接融资占所有融资的比例不超过1%。

第一节　我国中小企业融资模式

目前，我国中小企业主要类型有：个体企业、国有企业、乡镇企业等。中小企业融资的主要模式归纳有以下几类。

1.内源融资模式

内源融资的优势有融资费用低、效益高。我国中小企业的所有者和经营者在很大程度上是一体化的。在创业初期，绝大多数企业依靠所有者自己的资源和亲戚的资源。

2.银行主导的融资模式

中小企业向商业银行申请信用贷款、担保贷款等。我国商业银行顺应我国经济结构的调整和市场竞争的需要，开辟了针对中小企业的信贷服务体系。

3.租赁融资模式

目前融资租赁的方式已成为仅次于银行的第二大融资模式，是一种将租赁物的使用权和所有权相分离的信贷方式。融资租赁是指出租人根据承租人的特定租赁要求和供应商的选择从供应商处购买租赁物件并将其租赁给承租人。承租人分期向出租人支付租金。在租赁期内，租赁资产属于出租人，承租人有权使用该租赁物件。租赁期结束时，承租人支付全部租金并且已履行了融资租赁合同中的所有义务。如果未就租赁财产的所有权达成协议或约定不明确，则可以通过协议进行补充。如果无法达成其他协议，就需要遵守相关合同条款进行确立。如果未能确定，则租赁财产的所有权属于出租人。

金融租赁是金融产业的一种新兴形式，它是集融资与融物和贸易等为一体的。由于融资与融物之间的结合，可以使租赁公司在出现问题时，进行回收和出售租赁资产，因而在办理融资时对企业资信和担保的要求不高，完成了中小企业对固定资产的投资，实现了企业生产规模的扩大，所以非常适合中小企业的融资需求。

4. 财政融资模式

中小企业利用国家政策扶持融资。国家需要高度重视中小企业相关的金融服务工作。通过直接向企业拨入资金和税收优惠政策等方式扶持中小企业，为中小企业提供融资便利。

5. 上市融资模式

在上市融资中，运营公司的全部资本会被分成相等的金额，以股票的形式表示，这些股票在交易所上市并在批准后公开发行。通过投资者的直接购买，可以在短时间内筹集大量资金。生产效益较好、具有发展潜质的中小企业通过股票上市的形式满足自身资金需求。这不仅解决了中小企业融资的难题，而且进一步激活了中国金融市场。

6. 民间融资模式

民间金融亦称地下金融，是对官方正式金融供给不足的一种补充。民间融资是与国家依法批准的金融融资机构相对而言的。这通常是指作为非金融机构的个人、公司和其他经济实体之间以货币资金和利息的形式进行的价值转移。民间融资是一种独立于我国官方金融机构的金融活动，旨在筹集资金。公司之间的普通商业信用不属于民间融资。但是，如果商业贷款的期限超过合同期限，并且收取了利息或其他补偿，则其也将包括在民间融资中。

民间融资包括未经中央银行注册或控制的所有金融形式。民间金融通常包括在非正式金融中，非正式金融既包括私人形式的金融和非正式产品，也包括正规金融机构的非正式产品。由于中国的民间融资数量非常巨大，因此有必要突出一些民间融资，而不是将其统称为非正式融资。如典当行、共同基金等。在中国的一些发达地区，中小企业众多，资金需求较大，民间融资已成为当地中小企业融资的非常重要的途径。

7.利用外资的融资模式

对于一些发展态势较好的中小企业，可以适当地引入国外技术，以合资企业进行抵押贷款等融得资金。优良的企业效益和优惠的政策扶持，吸引国外财团进入中国市场投资，从而为中小企业拓展出一条新的融资渠道。

第二节　我国中小企业融资特点

中国的中小企业进入经济市场难度较低，因为它们具有经营成本低廉、灵活性大等优势。但与此同时，中小企业也存在诸多缺陷。如不少中小企业生产技术相对落后，自有资金少而导致其信誉度较低，同时不少企业外债较多，缺乏有力担保。这一系列的自身特点致使其呈现出与大型企业不同的融资特点。

1.自身劣势导致直接融资途径匮乏

目前，很难直接为中国的中小企业进行融资。根据中国银行的一项调查数据显示，对中国中小企业的直接融资大约仅占其所需资金供给的7%。大部分都是公司债券和股权融资这两种主要的融资方式。同时，中国证券市场尚未成熟，中小企业进入证券市场直接融资的门槛很高。仅有少数具有良好发展前景和良好运营效率的中小型公司有资格获得上市和融资。因此，目前中国直接融资的实际情况并不乐观。

2.资金要求的频率高且单次数额小

我国的中小型企业具有一定的相对优势：进入市场容易、经营范围广泛和灵活性强、生产多样化、批量小。这些特征决定了中国中小企业对单次资金的需求数额比较低，以及对资金需求次数很频繁。因此，相应的融资动态也显示出频繁借款、短期贷款到期和单次融资量低的特征。但是，向中小企业贷款时，银行必须进行调查、审查和批准程序。这一系列程序需要耗费大量时间，投入大量的人力、物力以及财力。在银行运营成本方面,银行更愿意一次性大量融资,为大型企业提供资金,而不是多次为中小企业提供资金。结果导致中小企业的分散化资金无法满足,因其资金需求模式与国有商业银行给予金融资源的成本考虑不相匹配。

3.融资成本、融资风险两高

当银行向中小企业提供贷款时,它们承担着相对较高的风险,必须由高的贷款利率来抵消。因此,中小型公司的贷款利率高于大公司。另外,银行贷款具有规模经济效益,即贷款规模大可以降低其成本的。而中小企业经营规模小决定了其资金需求规模也相对较小,这使得银行的支出成本相对较高。因此,中小企业的资金需求难以从银行得到满足,进而转向私人资本、当铺,甚至有时转向高利贷进行融资。这些融资方式导致中小企业融资成本非常高昂,有时甚至达到正规融资渠道的数倍乃至数十倍之高。

中小企业的高融资风险表现在:其一,中小企业很难获得长期融资。而使用短期资金来满足资本需求会导致公司不得不经常还款和借款。资金周转可能表现不佳,从而使中小企业面临更高的融资风险(如资金断链风险)。其二,融资成本高使得中小企业债务负担沉重,从而加大了其到期不能偿还本金及支付债务利息的风险。其三,当资金流动不畅时,大公司信用相对较高更容易从金融机构获得信贷或得到供应商的信任以推迟付款。而中小企业的应急能力较弱，当发生资金周转不畅时其企业信用进一步受损，越降低越难以融到急需资金。

4.中小企业规模小使其难以获得抵押担保

我国的中小企业很难获得直接融资，因而只能被迫依靠中介融资。由于国有银行近年来出现大量呆账坏账，导致他们放贷谨慎，贷款量有所减少。因此，中小企业需要足够的抵押担保来获得融资，但是抵押担保的缺乏降低了这种贷款的可得性。而且部分中小企业在改制重组过程中出现了逃避债务的现象，这种行为进一步影响了其借贷信用。此外，在我国，抵押担保有登记等诸多环节，伴随而来各种费用。显然，这会提高融资成本，影响融资获得的及时性。即使如此，抵押贷款仍然是中小企业获得贷款的主要方法。由于这可以大大降低金融机构偿还贷款的风险，因此该方法自成立以来备受欢迎。据统计表明，上海农村商业银行向房地产小企业提供的抵押贷款数量逐年增加，这反映出我国中小企业的抵押贷款在持续增长。

5.自有资金少，对金融机构融资过度依赖

我国中小企业从直接融资渠道获得资金比较困难，自有资金又难以满足需求，通过民间融资渠道融资成本高、风险大，这种种原因，致使其获得资金主要仍然要依靠金融

机构。但是，由于我国中小企业的区域发展不平衡，中小企业对银行的依赖程度也因地区而异。中西部地区中小企业发展相对落后，而且当地经济不发达，社会闲散资金少。有些甚至采用"非法集资"应急。我国东部地区经济较发达，私人资金充足，中小企业数量较多，竞争激烈，企业实力较强，拥有大量自有资金，他们也可以从私营部门获得融资，对银行的依赖程度不高。一些经营良好的中小企业资金充足，甚至不需要融资。

6.受到信用歧视而难以获得债券融资

发达国家中的大多数中小企业会与大型企业合作，而中小企业则主要负责处理原材料和制造零件。这样由于两者存在合作关系，大型企业就可以为中小企业提供商业信用。在我国，许多中小型企业并不是依附于大型企业为其提供服务，而是与其平行存在，争夺有限的市场资源，因而难以获得大型企业的信用支持。此外，中国的债券发行受到政府的严格控制，债券发行资格优先分配给大型企业。因为每年的债券发行量是政府相关部门在充分分析宏观经济形势的新变化和新趋势、结合税收货币政策和产业发展需求的基础之上确定的。中小企业难以获得发行资格，因而很难通过这种重要的外部融资渠道获得资金。

第三节 我国中小企业融资现状

1.融资渠道单一

(1) 过多依赖债务融资。尽管中国已经建立了较为完善的市场经济体制,但仍然存在金融管制,金融市场尚未完全开放。各种控制措施(例如允许进入金融机构的业务并限制公司的资格)主要是为了防止金融风险,但同时也会损害资本市场的行动自由。随着经济的增长,对金融的需求也随之增加,但资本供给体制改革的缓慢现实致使市场资本供给不足以满足需求,融资渠道多样化受限。数据显示,我国四分之三以上的中小工业企业的资金来源依然主要是靠金融中介机构尤其是银行贷款,其权益性投资只占到三分之一。其权益投资具体构成为:股东投资、风险投资和外商投资。且五分之四的企业主要依靠自身资金积累。只有约5%的企业使用外商投资。

(2) 中小型企业贷款主要集中在国有商业银行。中小企业很难获得信贷支持,相对缺乏相关的信贷支持机构,外部融资手段很少。出于各种原因,中小型企业无法像国有企业和上市公司那样,通过债券市场发行债券来筹集所需资金。如果金融机构可以利用资金来证券化较高风险的贷款,以充分分散对中小企业的贷款风险,那么金融机构将有动力涉足中小企业贷款业务,但实际情况是在我国金融市场上缺乏这样的金融工具,故而中小企业贷款只能主要求助于商业银行,尤其是国有商业银行。

2.融资成本高昂

(1) 中小企业贷款利率明显高于市场平均水平。出于风险补偿考虑,银行对中小企业放贷极少选用信贷方式,而是要求一定比例的上浮利率。过去,为了进行宏观调控,中国人民银行一直采取提高利率和提高存款准备金率的政策,以应对快速的经济增长和缓解通胀压力。货币政策的收紧大大增加了对中小企业的贷款成本,并大大降低了中小企业的经济利润。此外,商业银行经常设置"平衡余额"并收取延期费用,以提高贷款的隐性利率。中小企业由于难以融到资金,资金链紧张,再加上这种歧视性高利率使其融资成本更高。虽然近年来经济增速放缓,宏观政策趋于放松,但中小企业与大企业相比融资成本依然高昂。

(2) 中间费用的融资比例相对较高。当中小企业申请信贷时,金融机构通常会对抵押登记、信贷评估和财务审计等常规程序收取一定费用,且这些费用金额固定。由于中小型企业的自身规模小,对资金需求金额也相对较小。在此情况下固定筹款成本的比例当然就相对较高。加上中小企业本身资产较少的事实,它们需要采取外部担保才能成功筹集到所需资金,担保成本进一步增加了融资成本。

3.资本供给结构不均衡

（1）不同产业之间的资本供给差异。在市场竞争的条件下,中小企业的发展表现出强者更强、弱者更弱的特点。部分中小企业由于注重技术创新,能够顺应市场潮流,不断提升管理水平而具有较强的竞争力。这类企业显示出良好的经济优势和市场增长效益,其强劲的发展势头提高其信用,更容易在资本市场获得融资。他们可以通过风险资本注入股权资本或通过商业银行注入杠杆资本来平稳地满足资本需求,占据主动地位,有时甚至会出现过剩资本的情况。但大多数中小企业都是劳动密集型,拥有技术设备水平低下,基本产品核心竞争力低,市场控制能力不强,经营风险相对高,这些特征致使其资本引入难度巨大。显然,商业银行不愿为此类项目贷款。并且这类中小企业也不受风险资本和私募基金的青睐。资本已成为此类中小企业生存和发展的主要障碍。

（2）地理区域上的资本供给差异。中国区域经济发展的特点是东部沿海地区的快速发展,中西部地区相对落后。资本的地域分布也不均衡,不同地区的中小企业资本可获得性差异很大,这一现象又进一步加剧了不同地区中小企业发展的差异性。东部沿海地区,尤其是长江三角洲和珠江三角洲,经济发展强劲,中小企业竞争激烈市场活跃,信贷体系较为可靠完善,拥有丰富的私人资本。除了以上外部发展优势,这些地区的中小企业相对来说具有较高的管理和资本运营水平,因而更容易从外部金融机构获得支持。由此可见,无论从资本来源还是总资本供应方面来看,东部沿海地区的中小企业都远远强于中西部地区的中小企业。

4.私募股权资本的集体错位

(1) 二级市场溢价激发行业集体进行中后期的投资。在正常的私人资本市场中,就投资阶段和投资方向而言,专业投资机构应具有相对独立的分工。比如在项目的启动阶段进行天使投资,在成长阶段进行风险投资,在发展阶段进行成熟的股权资本。在各个发展阶段为中小企业提供适当的资本支持,这种专业的分工是非常必要的。中小企业在创建和成长阶段具有很高的破产率,因此他们不仅需要投资机构的资金支持,还需要在战略管理上的正确指导,从而帮助企业更好治理、正常运营。对于正处在发展壮大时期的中小型企业,其运营和管理方面都比较成熟,更多需要在财务方面给予支持和帮助。但是,在中国风险投资机构的规范化运营能力较弱,且专业化的技术人才较为缺失,除了少数优秀的国际投资机构外,大多数国内投资机构都在中小企业发展的后期阶段投资较多,对中小企业急需资金支持的创业初期和成长发展阶段的有效支持明显不足。国内投资机构之所以专注于中后期投资项目的另一个重要原因是受牛市的引导。受二级市场预期价格走高的影响，上市公司IPO估值水平以及市盈率会更高。因此，许多投资机构将大量资金投向准备进行首次公开募股的公司，并从投资公司上市阶段获得高的短期利润。

（2）为了避免投资风险，大量资本涌向传统企业。由于高科技企业创业初期需要资金支持而出现风险投资。高科技中小企业具有高成长性和高风险性，正确的分散化投资可以获取较高回报。但在我国，风险投资基金反而在高科技产业（如生物医学、新材料、新能源、通信等）投资较少，因其技术专业性难度较大，且投资管理较困难。多数风投基金将资本大规模地投资于传统产业。风险资本作为常规债务融资和股票发行提供资金的补充，并没有完全发挥出其在高新科技行业的支持性作用。另一个非理性因素是羊群效应、跟风投资。行业内缺乏明确合理的分工，除少数著名的投资机构外，大多数投资机构投资盲目短视，并未明确自己投资的目标行业，投资方向、时间都极其的短。

5.难以获得直接融资

（1）创业板市场现阶段仍然不发达。作为旨在帮助快速发展的新兴和创新公司（尤其是高科技公司）筹集资金并进行资本交易的市场，创业板市场可以为中小企业提供新的直接融资渠道，同时也是风险投资退出市场的重要渠道，进而有效地促进风险投资的发展。在国际上，美国纳斯达克市场是最成功的创业板市场之一。2009年10月30日，中国创业板开始进入资本市场。截至2011年，中小企业在证券交易所上市的数量达到200家，募集资金总额超过1万亿元。创业板市场的持续增长和活跃发展，为中小型企业提供了一种新的便利的融资方式，与此同时极大地带动和刺激了风险资本、私募股权和民间资本的发展。由于创业板市场发展历史短，目前仍然存在一些问题，这些问题一方面体现在体制结构设计上，另一方面体现在市场定位上。

在管理制度设计方面，中国创业板市场的根本问题是进入和退出机制不完善以及资金使用效率低下。目前，必须在监管机构的批准下，企业才能够获得上市的机会，而且上市审批程序较多，效率较为低下。这是人为选择的结果，而不是资源市场分配的结果。同时，还没有为中小企业建立退市的制度系统。许多公司筹集的资金未能得到有效利用有两个主要的原因。据统计，创业板市场募集资金利用率仅为21.85%。大部分闲置资金被银行持有或用于其他的投资。真正需要资金的公司却因为缺乏资金而使得其发展受到制约。相比之下，对美国纳斯达克市场的经验探索发现，纳斯达克的成功取决于其灵活的准入条件。进入条件包括三组标准，企业可以选择三组标准中的一组进行上市。同时美国创业板市场退市的现象非常的普遍，平均而言每年大概有8%的企业退市。

在定位方面，创业板成立之初，中国就对创业板市场寄予较高的期望，认为它将在解决中小企业的融资问题方面发挥根本作用。但是，数据显示，创业板市场参与者的数量只有200左右，而中小企业的数量已超过1000万家。因此，对于中国大多数中小企业而言，未能从创业板市场获得所需资金。创业板市场对于我国绝大多数中小企业来说，并非其直接融资的主要途径。

(2) 我国的风险投资市场发展相对滞后，根据美国国家风险投资协会的定义，风险投资是专业的金融家向新兴的、快速成长和竞争性大的公司投资的一种资本。风险投资的期限通常为3至5年，投资方法为参股。其目标是通过投资和增值服务来发展业务，然后通过IPO和其他方法退出，以期在所有权流中获取资本回报。

中国的风险投资行业始于1985年，目前仍处于起步阶段。从目前的角度来看，中国风险投资行业的某些特征值得我们关注。例如，从风险投资企业的角度来看，目前中国风险投资的资金来源主要是财政拨款。这种模式扼杀了私人投资的热情，并在一定程度上限制了资本的增长和规模的扩大。在法律、法规和配套措施方面，尽管中国目前对高科技风险投资企业有一定的优惠税率政策，但尚未颁布相关的风险投资行业法，而风险投资涉及上市、税收优惠、投资管理和资金筹措等都没有书面上的支持政策。

从国际角度上看，美国风险投资的成果是众所周知的，研究其发展过程对促进中国风险投资的健康发展具有至关重要的意义。美国政府于1958年启动了小型企业投资公司计划，该计划允许私募股权公司向政府申请相当于自身规模三倍的贷款，同时享有优惠的利率和税率。1978年，美国将风险投资公司的税率从49%降低到28%，再到1981年，税率调整为20%。由此可见，对风投公司的优惠政策不断加强。在法律制度方面，美国通过了《小企业发展法》和《银行法》等法律来加强对风险资本的治理和控制。根据上述的税收和立法优惠政策，越来越多的资金资源被投入到风险投资中。与此同时，健康的证券市场可以为风险资本在价值上升之后提供安全的退出方式，方便风险资本获益后退出资本市场。如果能够持续有效地解决上述问题，那么退出风险资本的影响将是深远而持久的。

（3）迫切需要对私募股权基金进行规范化监管。私募股权（PE）基金是以直接投资的形式投资于非上市公司的股票。交易过程中还将考虑未来的退出机制。也就是说，通过在证券交易所上市，管理层的并购或回购，出售所持有的公司股份而获得收益。目前，国内的私募股权基金年交易量与其他国家相比较低，仅为GDP的千分之三，而在美国和印度，这一比例高达1%。这一比率的差异表明，私募股权基金在我国发展较为落后，仍然具有巨大的成长空间和发展潜能。但是与此同时，我们不应忽视中国私募股权基金存在的一些基本问题。

近年来，中国的私募股权基金发展迅速。在深圳证券交易所上市的创业板公司中，有超过65%的公司在上市前获得了私募股权基金，私募股权基金已成为资本市场的重要支撑。然而，在这种繁荣的背后，私募股权基金已经从长期投资转向短期投机。私募股权基金本质上应该是长期投资。投资目的是基金管理者看好的某一行业和公司的发展前景。但是，国内某些私募基金在投资之前并未充分分析企业的发展前景，也并非出于长期投资打算，而是热衷于赚"快钱"，并不关心企业后续发展，在企业上市前投入资金，并对市场进行炒作，引导预期，短线价格上涨后便退出市场，以此方式赚取买卖价差、快速盈利。

(4) 我国天使投资极度缺乏。天使投资是指拥有大量资金的个人帮助创建具有独特技术或独特概念的原创项目或小型创业公司而进行的一次性的前期投资。在美国，天使投资是多数企业创业创新早期的重要支柱。2008年，美国有超过26万名活跃的天使投资个人，提供了高达192亿美元的项目启动资金。截至2019年末，我国居民储蓄存款余额超过80万亿元。这表明中国有大量潜在的具有投资能力的天使投资人，这个行业的发展空间非常大。但是，未来的天使投资如何发展可能存在一些不确定的因素。这些不确定性可能来自三个方面：其一是缺乏相关的投资文化。大量潜在的天使投资人不愿投资高风险和高回报的中小型企业，另外也很少有人知道天使投资的商业模式。其二是企业家存在缺乏诚信的行为，比如存在私自挪用项目资金、运用其他手段掩盖公司利润、有意减少分红等问题，大大降低了投资者的投资热情。其三是投资市场的政策法规不健全，中国尚未制定私人风险投资的具体法律法规，未能为天使投资的健康发展创建一个良好的法治环境。

第四节　我国中小企业信贷情况

中小企业由于其自身的经营特点，资金单次需求金额较小，需求频率高。当金融机构为中小企业提供资金时，出于风险和其他原因的考虑，他们需要审核贷款申请人的相关资料和信用水平。在大多数情况下，他们要求中小企业提供某种形式的抵押保护或合格的担保人，以应对信息不对称现象，减小风险。这导致中小企业从金融机构获得贷款的程序较多，借款成本增加，贷款申请时间延长。而且由于多数中小企业的自身实力弱、抵押品较缺乏，从而迫使一些中小企业不具备从正规金融机构获得融资的能力。一些中小型企业在资金短缺时被迫求助于民间融资等非正规融资渠道，这些融资渠道的融资成本可能会更高、融资风险更大。图6-1、图6-2为2018年我国中小企业资金短缺情况及未向正规金融机构申请贷款原因的调查数据统计。

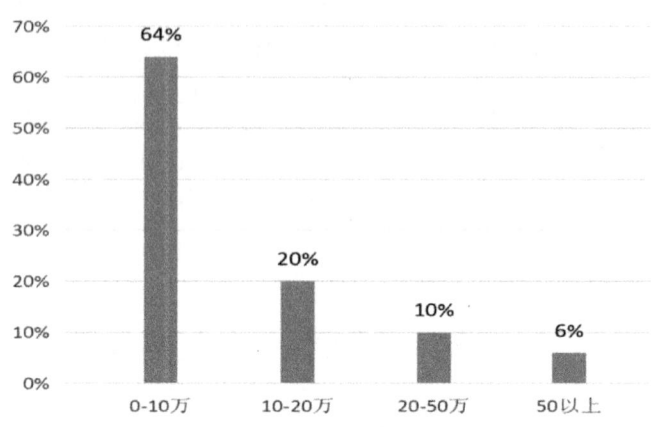

图6-1　2018年我国中小企业资金短缺金额

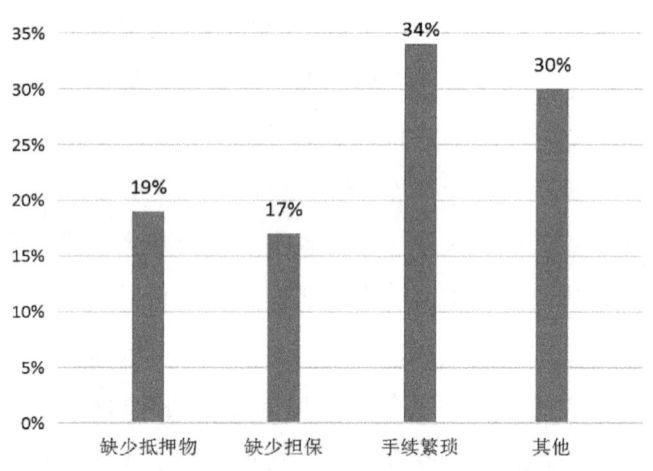

图6-2　2018年我国中小企业未申请贷款原因

中小企业的发展规模较小，资金相对比较薄弱，承担风险的能力较差，因此在发展过程中向商业银行申请贷款经常遭到拒绝，进而影响其未来的发展。根据有关统计资料，中小企业发展范围越小，拒签的次数就越多（具体数据见图6-3）。由此可见，中小企业的发展程度在一定程度上影响了企业的信用状况。

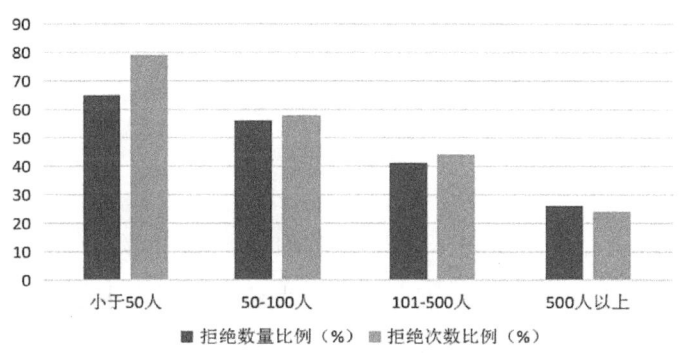

图6-3　2018年我国中小企业贷款申请拒签情况

第七章　我国中小企业融资困境及成因

中小企业资金越来越受到政府及地方各部门的关注。《中小企业促进法》在五个方面极大地改善了中小企业的商业环境。在2006年的"十一五"规划中，提出了切实执行中小企业发展计划。在两次金融危机的冲击之后，中国的中小企业政策更加侧重于发展中小企业和创造可以发展的环境。2007年，中国银行保险监督管理委员会的有关指导方针促使商业银行专注于为中小企业提供金融服务。2009年初，银监会要求各银行总部必须设立一级中小企业信贷服务管理部门，但其融资难问题依然存在。

中小企业融资难的格局并没有发生根本的改变。尽管中小企业的信贷量近年来增长不少，但据统计深圳市资金紧张的中小企业比重依然超过了80%。2009年全国工商局联合调查结果显示，绝大多数的金融资源配置由国企和大型企业获得，高达95%以上的小型企业获得的正规金融资源非常

第七章　我国中小企业融资困境及成因

的稀少。中小企业贷款满意程度整体偏低，申请贷款次数多，贷款需求满足率仅为50%左右。中小企业普遍认为金融机构放贷速度变得缓慢，企业资金需求也难以满足。由于各种原因，我国中小企业的财务状况受到金融瓶颈的严重限制，融资困难仍然是中小企业目前的现状。

第一节　我国中小企业融资困境的形成

1.企业融资结构中，银行贷款仍占据主要地位

由于金融机构的多样化和金融市场的不断发展，我国股票和债券市场的发展持续改善，使得中小企业更容易进行融资。但是，在目前的实际情况下，中小企业主要还是依靠银行作为外部资源，但是过度依赖银行的融资，会出现资金非常有限的问题。

2.市场经济的发展使其难以为中小企业融资

当前，我国的市场经济持续稳定发展，银行也与时俱进。新形势的发展导致银行管理方面出现了很多的问题。银行出于对自身的安全和利益的考虑，会选择信用评级良好且风险较低的大企业进行投资。随着外国银行的到来，我国金融市场的竞争加剧了。先天条件不利，金融体系不完善，信息透明度不足的中小型企业很难从银行获得更多的资金。

3.我国公共财政的比例过高，导致财政效率低下

目前我国银行尤其是国有银行主导的金融市场局势还没有完全被打破，这必然导致金融活动低效率。各金融机构主要面向大型国有企业，中小企业的金融服务缺乏。短期贷款中面向中小企业的贷款占比依然较低。大型企业几乎垄断了企业债发行，股票市场的主要服务对象是大企业。

4.成本上升的大环境下，中小企业的竞争优势减弱

我国绝大多数中小企业都是使用粗放的发展模式：资源消耗的、低成本和大批量生产。结果绝大多数的中小企业仅在成本方面具有竞争优势，而且它们的发展极其不稳定，许多中小企业的生命周期也非常短。近年来，我国的物价不断上涨，劳动力成本也逐年上升，全球环境保护意识的提高迫使中小企业增加了环境保护支出，人民币兑美元汇率大幅上升，各种因素导致中小企业经营变得严峻，即中小企业在低成本和低价格方面的优势急剧下降，企业的效率也在不断下降，从而导致融资变得越来越困难。

5.我国金融目前呈现"二元结构",市场分割严重影响了资金配置效率

我国的金融市场明确地被分为两个部分:正规金融体系和非正规金融体系。正规金融机构根据国家准则以低利率向政府和大型企业提供贷款。由于信息不对称,国家银行系统已考虑到了为中小企业融资可能带来的风险,因此增加了为中小企业提供贷款的相应要求。

6.中小型金融机构重组力度不断加大

中小型金融机构主要是为中小企业提供金融服务。中小型金融机构的发展趋势越好,中小企业的融资就越简单。为了进一步扩大金融市场,近年来,我国大型银行争相对中小金融机构进行兼并收购,从而扩大其市场占有率,并且大型银行以入股的方式参与中小金融机构经营,改变了其之前主要服务中小企业的经验理念,转而将大企业作为主要服务对象。这一改变进一步加大了中小企业的融资难度。

7.我国金融产品单一,金融衍生工具严重缺乏

我国金融市场的垄断还没有被完全打破,因此金融市场竞争不够,创新动力不足。我国的银行业务主要集中于传统零售业务,并且严重缺乏多样化的金融服务产品。在发达国家广泛用于交易的衍生工具,很多在我国金融市场都

尚未推出。我国的金融衍生产品中外汇类型产品居多，其次是利率类型产品，其他类型的产品相对较少。虽然有几家银行存在信用衍生产品，但规模很小。我国金融衍生产品交易方式单一、定价能力不足、金融衍生工具严重缺乏。

8.中小企业板能够发挥的力量有限

中小企业板为服务中小企业而设立，但远远没有发挥其应有的融资作用。我国中小企业板的地区行业分布不均且规模非常小。据2007年调查数据显示，超过2000家达到或者基本达到上市标准的中小企业中仅有50家企业上市，流通市值仅120亿，其中超过40家企业属于制造业。可见中小企业板行业覆盖面比较窄。而且有很多省份至今没有一家企业在中小企业板上市。相对于我国中小企业上万亿的融资需求，中小企业板如此的发展速度和规模显然远远不能够满足市场的需求。此外我国中小企业板上市门槛高、手续复杂等原因使其不能及时灵活地满足广大中小企业的融资需求。

9.中小型金融机构的规模有限，融资能力有限

市政商业银行等中小型金融机构在促进我国中小企业发展方面发挥着重要作用。但是，它在整个金融体系中的实力相对较弱、财富相对较少。中小型金融机构面临的挑战包括资产有限、治理不足、内部控制不足、缺乏有效的风险缓解工具、缺乏管理以及对民间融资的大量参与，这些都严重地制约了其自身的发展。

第二节 从企业自身角度分析我国中小企业的融资困境成因

1.我国中小企业规模小，经营风险大，抗市场波动能力弱

我国的中小企业寿命较短，失败率较高。尤其是面对突发情况时，中小企业规模小、实力薄弱、应对外部环境突发改变的能力较弱。如2019年的新型冠状病毒性肺炎疫情，给很多中小企业带来了一场生死的考验。大多数中小企业存在资金短缺与需求不足之间的矛盾，以及企业无法正常运作和生存发展的资金流动受到限制。在疫情影响下，总体客户需求量急剧下降，导致许多中小企业的订单大大减少。据清华、北大联合调研的995家中小企业中发现，约34%受访企业账面现金只能维持1个月，约33.1%受访企业可维持2个月，17.91%企业可维持3个月，仅有不到10%的企业现金能维持至少6个月。这场突发疫情使得不少中小企业因资金断链而倒闭。让为中小企业提供融资的金融机构承担着高风险，这与它们所获得的利益之间存在极大的不平衡。中小型企业的规模较小，承受市场波动的能力较弱，导致贷款到期时的违约率非常高。根据我国商业银行的不良贷款统计数据表明，中小企业的不良贷款比例远高于大型企业。

2.我国中小企业资本投入不足

由于乡镇的财政资源有限，地方财政资源分散，我国的中小企业在起步初期没有足够的资本投入。历史和制度上的原因导致了我国中小企业的资本比率低和资产负债比率高，这将使企业的现金流不足，并影响企业的生产，而不良的经营效益又使其无法成为金融机构的优质客户。

3.我国中小企业存在产权关系不明确、文化滞后的问题

改革开放以来，我国的中小企业开始不断地发展。当时，中小企业主要是乡镇和私人家族企业。公众对产权和物业管理的意识相对薄弱：企业缺乏有效的治理机制、管理者可以滥用权力、对管理者的权利没有限制、企业很难实现规范化治理。此外，数量众多的家族企业对管理提出了更大的挑战，这非常不利于引进高级人才和可持续发展的管理理念。我国大多数中小企业是家族企业，但是随着企业规模的增加和市场环境的复杂化，家族企业具有一定的局限性，其中包括：首先，价值决策的局限性。没有科学依据的决策会给企业带来更大的风险。其次，家族企业使用裙带关系，而不是任人唯贤，这意味着许多领导者不了解管理，这就降低了企业的管理水平。落后的家族企业文化已经成为企业发展过程中的绊脚石,并影响着企业的长期稳定发展。

4.我国中小企业财务制度不健全,企业运作非常不规范

中小企业在财务管理方面意识淡薄,缺乏完善的财务管理机制,在市场经济环境下,存在战略思维缺乏、不善营销和财务管理视野相对狭窄的问题,这非常不利于企业财务管理工作的顺利进行。中小企业的生产规模、资金和技术含量相对较小、受传统制度的制约和市场经济环境的影响,使得中小企业的财务管理与市场经济不协调。一些中小企业盲目地追求经济利益,只专注于销售产品,却没有意识到金融工作的重要性,并且至今都没有建立起坚实的金融体系,所以还会出现很多问题。中小企业在生存过程中极其重视业务,而企业融资通常会与金融机构进行交易,因此对基本财务管理的关注度不高。许多中小型企业都处于一个不成熟的管理实践中,且企业的管理和产权过于集中化。管理者往往超出其职权范围,不分立场进行相互监督,这就进一步地加剧了财务制度的混乱性,最终阻碍了企业财务管理职能的全面实施,极大地影响了企业信用。当前中小企业面临的财务管理问题主要包括:企业原始财务数据不规范,导致会计信息不准确。企业对收入和支出信息不公开、会计出纳不分、企业的现金管理不善、资金使用混乱、存货管理薄弱、资金呆滞、应收的款项周转缓慢以及筹集资金困难。研究表明，许多中小企业目前并没有专门的财务人员，主要是由妻子或丈夫担任，因此很多时候非常容易出错。

5.我国中小企业抵押担保困难

为了降低信用风险，银行提高了抵押贷款在新贷款中的比例。但是，中小企业由于其贷款不足、担保风险高，所以难以获得担保且在办理抵押时也面临很多困难。抵押难主要表现在：抵押品很少且银行很少接受其提供的抵押品（土地和房产除外）、对抵押物的评估不规范、资产评估有效期短和随意性大、企业有可能在一个贷款期内重复评估缴费；担保评估部门不集中、手续繁杂、费用较高、多部门管理、多部门收费使得贷款成本高昂，最终导致中小企业难以承受。担保难主要表现在：难找到合适的担保人。银行要求信用等级A级以上的企业才可以为别的企业提供担保，但是有能力的企业为中小企业提供担保所带来的风险感到担忧，所以中小企业很难找到担保。

6.我国中小企业自我积累意识低导致内源性融资缺乏

当前，许多中小企业缺乏长期规划，很少使用自身资源来补充其不足的资源。此外，债务会导致高昂的利息成本，并且会恶化企业的财务状况。如果国内的中小型企业没有改善生产，那么经营的收入将会被用于偿还债务，然后继

第七章 我国中小企业融资困境及成因

续借用资金进行生产，这样的恶性循环将会不断持续下去。企业在发展成长中规模扩大，对资金的需求也会不断增加，因此不能无休止要求银行满足企业发展的资金需求，从自身积累资金才是关键之举，而我国中小企业目前却严重缺乏自身积累资金的意识。

7.我国中小企业经营目标不够明确

当前的中小型企业具有灵活的经营方式、较低的组织成本的优势，但是一些中小企业有盲从的现象，他们没有充分对市场进行调研，也没有考虑当前市场的规模，此外在开发项目之前也很少对市场的情况进行分析，这就会造成企业所需要的资金不充足，且不具备从银行获得融资的条件，所以会出现无法获得贷款的现象，即使获得融资，企业也很难在规定期限内偿还贷款。

8.我国中小企业缺乏技术管理人才，从业人员素质较低，所处产业水平也普遍较低

尽管中小企业越来越多，但总体发展前景并不理想。导致这样问题的一个重要因素是，经营者的整体素质很差，他们没有找到合适的人来帮助他们开展业务。我国大多数中小企业是由技术人员创立的。在早期阶段，它们很小并且易于管理。在开发阶段之后，人力资源管理变得相对复杂起来。没有合适的管理人才，企业将很难前进。中小企

业对员工的质量要求不高,雇用后未进行正规岗前培训。据统计,我国大型企业拥有大专学历以上的人数几乎是中小企业的三倍。一些中小型企业缺乏专业技术人员,导致生产力低下、产品质量低下和运营效率低下。此外,中小企业经营的行业相对低端、劳动力密集并且难以生存,因此难以获得银行青睐。

9.我国中小企业的制造技术相对落后,创新能力不足

由于我国中小企业的整体实力相对较弱,它们缺乏创新人才和创新观念。经营规模较小、资金有限等原因致使其创新投入不足、技术相对落后、总体发展后劲不足、发展潜力有限,进而严重影响了金融机构对其的融资评估。

10.我国中小企业诚信度较差

中小企业信誉不佳,诚信度不高。大多数中小企业因为推出一个新产品而轰动一时,但它又会因为缺乏过硬的企业根基,为陷入危机埋下隐患,一旦经营失败就会被大量债务缠身,所以企业借款人不得已出现逃债等失信的现象。一些中小型企业按照先前约定使用借入资金,而是投资于高风险项目,这极大地增加了企业的风险性。此外,缺乏财务信用也是中小企业缺乏诚信的一个主要问题。部分中小企业为逃避税费,出具虚假的财务报告,甚至与审计机构勾结串通制造虚假财务数据。尽管这只是少数中小型企

业存在的不良的现象，但其实它严重地损害了整个中小型企业集体的信誉。所以银行不愿或拒绝向中小企业贷款是为了规避风险，这使得中小企业很难获得融资的机会。

第三节 从银行角度分析我国中小企业的融资困境成因

1.我国银行对于企业贷款还存在所有制歧视现象

传统体制的惯性作用使得我国很多政策制定以所有制性质为依据。所有权形式的财政资源分配极为不均。根据统计数据显示，国有企业的利润率低于其他所有制的企业，但是国有集体企业贷款占了整体贷款资源的绝大部分。国有商业银行也会优先选择大型国有企业进行贷款，对中小企业的贷款条件更为严格。由于国企承担着一些社会职能，所以主流观念认为国家不会对其破产倒闭置之不理，这样银行对国企的放贷风险就会大大减小，政府每年花费大量资金核销因国有企业在银行中的坏账损失而产生的坏资产。此外，在金融市场和金融政策方面，对私营中小型企业的待遇也有所不同。这种所有制歧视使得中小企业获得银行融资非常的困难。

2.我国银行业目前面临与经济全球化和国际竞争有关的新挑战，并加快了整合的步伐

我国金融业的开放使它面临着来自外资雄厚的大型国际银行的激烈竞争，最严重的问题就是会失去大量优质的客户和资源。这种情况迫使银行积极进行整合和注资。如果市政商业银行、市政信用合作社和其他中小型金融机构不改善其治理结构、增加资产并降低运营风险，那么它们将无法适应激烈的市场竞争，因此不得不退出市场。近年来市场竞争促使我国金融业务创新水平的不断提高、业务的交叉、混业经营制进一步推进。随着银行之间的整合，大型金融机构规模不断扩大，而中小型金融机构规模却在不断地缩小。这种变化将不可避免地导致银行对中小企业的贷款减少。此外，竞争会迫使银行在市场基础上进行商业化和开展业务，制定更为严苛的贷款标准。

3.我国银行与中小企业信息不对称

我国的大型企业，尤其是在证券交易所上市的企业，具有较高的财务透明度。而中小企业的大部分财务信息是内部化的，因此中小企业在向银行申请信贷时很难提供令人信服的信用信息。我国的银行业没有国家性的中小企业信贷管理系统。此外，我国的信用体系不发达，只是多家中小企业之间相互担保，由于缺乏担保支持，中小企业获得融资更加困难。由于信息不对称，中小企业的道德风险增加了，中小企业无法提供可靠的信用证明，这大大削弱了银行向中小企业贷款的意愿。

4.我国银行向中小企业放贷成本高昂

我国中小企业的经营特点决定了资金需求的频繁程度高，多数具有短期流动性及单词数额少。通常，中小企业的平均贷款额仅为大企业贷款额的0.5%，但资本要求的频率是大企业的五倍。提供贷款的银行要求收取柜台、管理、监督等费用。中小企业的贷款成本是大企业贷款的5~8倍。同时，我国贷款利率受到严格管制。央行要求中小企业贷款的利率提高到30%，但是这一幅度尚不能抵消中小企业的贷款成本。私营中小企业的坏账不能核销，这进一步降低了中小企业的放贷意愿。

5.我国银行缺乏针对中小企业特点的服务

由于中小企业规模小，它们的资金需求相对较低，并且时间非常紧迫。但是，银行的贷款业务遵循大型企业程序，通常需要企业程序才能获得贷款。如果增加了担保、抵押、评估等流程，则申请或授予贷款将需要更长的时间，这不能及时满足中小企业的资金需求，限制了企业的投资机会，并导致中小企业对银行贷款失去信心。虽然银行等金融机构在积极进行服务创新来解决这一问题，但这种现象依然存在。

6.我国银行激励机制不足致使其信贷萎缩

为避免信贷风险,银行加强了信贷管理制度,进而明确了职责,并提高了信贷员的风险约束。但是,成功贷款的激励机制并没有得到相应改善,导致信贷人员出现"多贷不如少贷,少贷不如不贷"的消极心理。这就进一步出现对中小企业的惜贷现象。

第四节 从政府角度分析我国中小企业融资困境成因

1.政府对中小企业重要性的认识需要进一步加强

在新中国成立初期,我国对中小企业有一些限制。从那以后,对中小企业作用的认识逐渐提高,特别是在东南亚金融危机之后,中小企业在稳定经济中的重要作用变得显而易见。1999年,国家对宪法进行了修订,将私有经济纳入我国社会主义市场经济行列。但是,到目前为止,对中小企业的偏见还没有完全消失,我国的政策继续使大型国有企业受益。历史数据表明,中小企业在遇到严重的就业问题时会受到社会和国家的重视。但是,中小企业的重要作用不仅在于解决就业问题。我国政府对中小企业在刺激市场和增加市场竞争中所起的重要作用的认识需要加强，对中小企业的支持措施的连续性也有待提高。

2.信用担保体系的建立不健全

我国目前缺乏完善的信用担保体系。担保机构是银行和企业之间的纽带，它既可以分担银行对中小企业贷款的风险，又可以解决中小企业抵押资产少的难题，极大促进了银企之间的双赢合作。目前，我国担保企业并未明确说明其服务定位。他们更喜欢具有良好服务业绩和巨大发展潜力的企业。中小企业具有较高的经营风险，进而难以从银行融资，也难以获得担保企业的服务。此外，我国担保机构的经营风险尚未得到充分解决，导致发展缓慢。我国政府在提供贷款担保服务体系方面存在明显缺陷。为了解决中小企业的融资问题，各国正在寻找出路，贷款担保系统是使用最广泛的解决方案之一，如在日本，超过50%的中小企业都得到了国家信用担保方面的帮助。但是我国在2002年，中小企业信用担保机构只有200多家。目前，我国担保机构仍在不断发展，但仍然缺乏必要的法律规范，不完善的贷款担保制度对中小企业的融资影响非常大。

3.政府缺乏设立针对中小企业的信贷支持辅助体系

在我国，为中小企业提供信贷服务的金融机构相对较少。近年来，我国政府已经进一步认识到中小企业的重要性，并贯彻实施了许多优惠政策来支持中小企业的发展。大型银行业为了响应国家政策呼吁，并努力为中小企业提供相关的服务。然而，银行的中小企业服务部门在减轻中小企业融资困难方面的作用尚不明显。目前，向中小企业提供贷款的金融机构发展缓慢，服务能力也有限，服务覆盖面不够广泛，不能及时充分地满足各地中小企业的资金需求。

4.政府为中小企业提供的直接融资渠道不足

我国企业债券市场不够发达，只有少数有资格发行的中小型企业才能获得较好的债务融资。而在股权融资方面，针对中小企业的板块上市条件还比较高，市场规模还比较小，也不能很好地满足中小企业的市场需求。

5.政府对中小企业融资的相关立法仍需进一步完善

一些地方政府不顾公众利益，允许少数缺乏自律的中小企业为自己的利益来躲避银行债务，导致金融机构不愿放贷以免产生坏账。我国对中小企业的立法还比较零散，缺乏规范性，企业的部分法律地位不平等。

第五节　我国中小企业融资困境根源分析

1.融资制度不合理

我国经济生活已由单一国有经济向混合经济进行转变，但是金融体制的改革相对滞后，多年来以国有大型银行为主的金融体制仍没有改变。中小企业的发展没有适当的金融体系的支持。中小型金融机构数量少，运行机制不规范，资源也非常有限。当大型银行通过开设分支机构与数量众多的中小型企业建立商业关系时，由于高昂的管理成本，它们的选择受到严重的限制。

目前，我国的融资体制正处于转轨时期，制度的转换具有一定的时滞性，因此不可避免地造成中小企业的发展与融资机制间的不对称，正是这样的错位，造成了中小企业融资难的情况。

（1）间接融资体系的制度缺陷

国有银行及其主导下的银行系统对中小企业的贷款存在歧视。当前，我国金融市场以间接融资为主，而间接融资以商业银行为主。不论中小企业是创业初期还是成长后，商业银行始终是外部融资的主要来源。国有商业银行长期以来受到计划经济和传统意识的影响，对中小企业表现出一定的抵触情绪。国有商业银行对企业的贷款主要是按所有权划分的，国有中小企业能够获得相对宽松的贷款，而非国有企业则很难或无法获得信贷（见表7-1）。

表7-1　银行对企业贷款申请的拒绝情况

企业规模	申请数量	申请次数	拒绝数量	拒绝数量的比例	拒绝次数	拒绝次数的比例
<50人	736	1537	478	64.95	1213	78.92
51-100人	360	648	203	56.39	375	57.87
101-500人	159	507	65	40.88	224	44.18
>501人	46	152	12	26.09	37	24.34
合计	1301	2844	758	58.26	1849	65.01

资料来源：张玉明、张会丽、肖静，《高新技术产业化的融资缺口及其化解途径》。

从金融体制的角度来看，我国中小企业所对应的中小型银行数量不足，而且这些银行的进一步发展还面临许多障碍。当前，县级及以下的金融机构主要隶属于四大银行。在我国农村虽然有很多信用社，但这些信用社受其规模和实力的限制，自己的发展都成问题，想要支持中小企业则更加困难。

第七章　我国中小企业融资困境及成因

（2）直接融资的结构缺陷

直接融资结构缺陷最主要的表现就是资本市场缺乏层次。为了控制金融风险，政府近年来已经将证券交易严格地控制在证券交易所范围内，场外的交易几乎都是非法的，这创造了一个独特的格局，其中资本市场交易只有一个层次，且已经产生了严重的不良后果，主要表现在：一是资本市场机制难以发挥；二是资本市场的集中度难以提高；三是降低资本市场整体风险的难度加大。由于资本市场机构的严重畸形，股票现货成了资本市场唯一的投资工具。另外，交易选择太少，导致相对丰富的社会资金只能选择极其有限的资金渠道，这极大地阻碍了将储蓄转化投资。与此同时，大量需要资金的中小企业又得不到所需的贷款，尽管设立了中小企业板，为中小企业开辟了直接融资渠道，但地方性股票市场却被一一禁止，而且由于缺乏对非正规融资的法律支持，很难直接为中小企业提供资金。

（3）民间资本难以进入银行体系

我国目前的银行体系仍然由国有银行主导，民间资本进入银行体系的障碍相对较大。即使进入了银行体系，也因为受到行政的控制而难以真正按照市场的准则运作。由于正规的金融体系无法满足中小企业的融资需求，因此绝大多数中小企业必须依靠非正规的金融市场来寻找发展的融资渠道。在浙江和广东等沿海地区，民间借贷非常活跃，在很大程度上取代了部分银行的职能。但是，由于这类型资金是地下进行或半地下进行的,并且没有法律和法规约束,因此高利贷等非法活动非常严重。这是我国金融市场规模小和缺乏中小型银行的必然结果。以上分析表明,中小企业融资存在问题的主要原因是:在经济体制转轨时期,我国的相关制度体系存在缺陷且缺乏制度创新。

2. 市场机制不完善,缺乏内生机制

良好的市场经济具有良好的内生机制,并且将有利于缓解中小企业融资的难度,例如:私人资本市场中的私人借贷,银行与企业之间的融资等。由于市场机制的不成熟,这些内部制度效率太低、成本太高或存在风险,我国采取了一系列政策措施来解决中小企业的融资困难。但是,它们大多是外生的,缺乏内部协调与合作以及市场参与者的内部激励措施大大降低了实施新政策和措施的有效性。

3. 融资环境整体恶化

金融危机使得金融风险暴露,为防御金融风险,国家加强了银行监管。另外为了应对外部竞争,国有银行加强了内部控制,收紧了贷款并取消了信贷营销实践。政府也已暂停许多民间金融活动。市场发展要求中小型企业改善其结构并增加投资,导致中小型企业负债沉重,进一步导致企业的信誉下降。所有这些都意味着中小企业融资的条件继续恶化,其融资困难也越来越严重。

4.中小企业自身素质较差

我国的中小企业属于民营经济占主体的多元化经济结构。尽管它们是在改革开放后发展壮大的,但他们进入产业比大型国有企业晚一些,且一直处于补充地位。存在种种因素不利于获得资金。

中小企业所处的行业很多都是竞争性比较强的,但中小企业由于自身规模较小、产品的技术含量较低并且许多企业仍然处于粗放经营的阶段,资源浪费比较严重。另外,企业的经营管理水平较低以致在经营中出现无序和违规的行为,并且中小企业一般停留在劳动密集型和一般工业品加工的领域,受多种因素的限制,发展较为困难,效益也存在很大的不确定性,因而导致融资相对困难。一些企业的信用度相对较低,债务与资产比率较高,这引发以下事实:大量的银行贷款逾期未偿,信贷环境持续恶化。所以银行在选择中小企业客户的时候都比较谨慎。

与大企业的不断改进、典型的分级会计制度和标准化财务报告系统相比,中小企业的内部治理结构相对简单。企业的最高管理者既是所有者又是经营者,并且没有完善的信息披露机制,这增加了银行获取企业信息的成本。

根据调查,我国超过50%的中小型企业财务体系不完善,许多中小型企业没有足够的报表和良好的经营记录提供给审计部门审查。

一些中小企业经营出现困难后,不是致力于从自身的角度找原因,改进产品、改善经营,而是想办法拖欠银行的贷款,这不仅增加了金融机构信贷资金的风险,而且也导致了企业信用度的下降,加剧了企业获得贷款的难度。根据数据调查显示,到2000年底,有62656家企业在5家商业银行开户,其中包括工业银行、农业银行、央行、建设银行和中国银行,其逃债总额高达51.3%。企业的信用缺失破坏了正常的银企关系,严重挫伤了金融机构贷款投放的积极性,导致中小企业的融资更加困难。

目前,我国中小企业资产负债率都比较高,大部分财产都已抵押,导致申请新贷款的抵押物不足。我国中小企业创业成功率较高,但由于资金的约束、市场竞争激烈等原因,中小企业创业失败的比例也在提高。中小企业较高比例的破产率使得银行贷款面临的风险较大。

5.政府及社会融资服务方面

主要表现为为中小企业提供专门融资服务的机构和信用担保制度不健全,并且缺乏完善的法律法规支持。

第八章 中小企业融资困境及成因的实证分析

第一节 中小企业融资困境实证研究设计

中小企业融资困境的实证研究通过创建面板数据模型探究影响中小企业融资的因素。该模型的目的是更好地了解中小企业融资选择。就当前市场的局限性，分析当前中小企业融资不足的原因，并根据分析提供支持进一步改善中小企业融资选择的策略和建议。

选择可描述企业融资的变量指标，这些指标可以描述企业融资能力和选择。由于当前中小企业融资困难主要表现在债务融资的难度上，而企业的债务融资比例在很大程度上取决于企业的融资能力，因此企业的债务水平可以很好地解释企业债务融资能力的规模。由于外部融资更为困难，因此企业通常首先选择内源融资。随着内源融资机会的增加，企业的杠杆比率和债务也逐渐减少。

选择债务水平作为评估企业融资能力的一个指标。可以反映杠杆作用的指标包括资产负债率和短期有息负债比率。由于可用数据有限，因此选择债务/资产比率作为衡量企业负债水平的指标。资产负债比率是企业年末总负债与总资产的比率，是评估企业债务能力的综合指标。

影响企业外部融资变量和内部融资变量的指标用作自变量。影响企业外部融资能力的因素包括：企业的规模，银行与企业之间的关系，企业在市场上的竞争力以及企业的担保资产的价值。这些因素可以为银行提供有关企业的正面信息，并且银行可以以较低的成本获取适当的证据来证明信息的真实性。检验这些因素是否与企业的债务正相关。影响企业内部筹资能力的因素包括：企业自身的累积能力，企业的盈利能力和企业承受风险的能力。如果这些指标可以改善企业的内部融资能力，那么它们应该与企业的负债负相关。

使用实证模型检验上述变量是否会影响企业的融资选择和能力，并结合当前整体融资环境和中小企业的发展现状，探讨当前中小企业融资困境的成因，为进一步提出政策建议提供确凿的实证依据。

第二节 中小企业融资困境实证研究假设

影响企业外源性融资能力的因素有如下几点。

1.企业的规模

国内外学者普遍认为，企业的规模将对其融资能力产生重大影响。Chen Chao 和 RaoYulei（2003），Marsh（1982），Saring（1984），Booth（2001）等许多其他国内外学者的实证研究表明，企业规模与负债比率成正比。但 Watts 和 Zimmerman（1986）却认为，规模大的企业容易受到公众和管制的关注，因为企业的规模越大则越需要大量的资金支持，因此需要披露更多信息，以降低由于信息不对称引起的成本并获得资金支持。

与中小型企业相比，大型企业可以依靠其自身优势，在很大程度上分散其经营风险，因而破产的可能性也较低。企业越大，对资金的需求和依赖性就越大。因此，规模较大的企业将会有更多的动力披露其信息，减少由于信息不对称所产生的成本，进而获得公众的支持，从而更加容易获得银行的贷款。

将企业的总资产作为衡量企业规模的指标。

假设1：企业的规模与资产负债率为正相关关系，因为企业的规模可以提高其外源融资能力。

2.银企关系

由于其自身特性，中小企业的信息难以为外界所了解，从而导致企业与银行之间的信息不对称。但是，当中小企业与银行建立良好关系时，它可以加深银行对企业的了解，这可以使银行更愿意提供贷款，同时降低企业的融资成本。这就是所谓的关系贷款。关系贷款方式可以有效地弥补中小企业金融体系不完善造成的弊端，减轻信息不透明给中小企业带来的负面影响。

Peterson 和 Rajan（1994）使用NSSBF-1987有关数据就关系型借贷问题曾做过系统的检测，探索了银企关系、信贷可获得性的衡量方法，结果显示：银行与企业之间的良好关系可以积极影响企业贷款的成本和信贷的可获得性。但是，对信贷可获得性的影响更大，而对信贷成本的影响则微不足道。因此，有理由认为银行与企业之间的良好关系可以改善企业的外部融资可能性。

将企业的成立年限作为衡量银企关系的指标。

假设2：企业和银行的关系与企业的资产负债率为正相关，因为良好的银企关系可以使企业更加容易获得贷款。

3.企业的资产担保价值

许多研究表明，企业的资产担保价值可能对其融资能力产生重大影响，因为在信息不对称的情况下，企业运营商比外部贷方更了解企业内部信息，并且企业通过负债来筹集资金，通常必须支付一定的额外费用。但是如果企业有足够的资产来为负债提供担保，则可以减少这些额外的成本。此外，对于贷方而言，可以担保的资产价值越大，借款人还款的可能性就越大，他们承担的风险也就越小。因此，企业资产的担保价值可以增强企业获得外部资金的能力。

将固定资产占总资产的比值作为衡量企业资产担保价值的指标。

假设3：企业的资产担保价值与资产负债率为正相关，因为企业可担保的资产越多它的外源融资能力就越强。

4.企业的成长性

企业的成长通常来自市场地位和市场份额。根据信息传递融资结构模型，高成长的企业通常是新兴企业，规模不是很大。高成长的企业有较多无形资产，银行通常不愿向此类企业提供贷款。Myers（1977）认为，企业的成长越高，其使用的债务就越少，因为具有较高增长率的企业拥有更多的机会。许多外国学者的经验研究还表明，企业的增长机会与其债务比率之间存在显著的负相关关系。

假设4：企业的成长与其资产负债率呈负相关。

影响企业内源融资能力的影响因素有：

5.企业的盈利能力

新优序融资理论认为，企业融资优先选择的顺序为内源融资、债券融资、股权融资。赵蓓文（2001）在研究美国企业融资结构的过程中发现，1965年至1982年美国企业融资结构与该理论基本吻合。Titman和Wessels（1988），Booth（2001）等人使用发达国家和发展中国家的相关数据来证明企业债务与盈利能力呈负相关。由于获利能力更高的企业会产生更多的留存收益，因此当企业需要资金时，他们可以通过内部资金筹集资金。但是，部分外国学者对此持有不同观点。代理成本理论提出，有了更多的自由现金和较弱的管理约束，经理可以通过在职期间的过度消费来损害股东利益。因此，当企业的盈利能力很高时，股东往往会利用杠杆，通过债权人约束经理的行为。因此，盈利能力与债务呈正相关。

但普遍支持的还是新优序融资理论，并且在我国中小企业难以获得银行贷款，当自身具有很好的盈利能力，有一定积累时应该更倾向于内部融资。因此，盈利能力以总资产收益率和净资产收益来衡量。

假设5：企业的盈利能力与资产负债率为负相关，因为企业的盈利能力越强，则内部积累越多。

6.速动比率

速动比率是速动资产与流动负债的比值,它衡量的是一个企业中流动资产可以立即变现用于偿还负债的能力。相对于流动比例而言,速动比率扣除了一些流动性很差的资产,例如待摊费,这种资产几乎不可能用来偿还债务;另外,考虑到存货的损毁、现值以及所有权等因素,它的变现价值与账面价值可能相差很多,所以将存货也从流动比例中扣除。这样得到的速动比率比流动比例更能反映出一个企业偿债的能力。

速动比率反映了企业抵御风险和资金运营两个方面的能力。速动比率对企业融资结构的影响应该从如下两个角度考虑:首先,若一个企业的速动比率比较高,那么它抵御风险的能力相对较强,获得银行等金融机构的贷款概率相对会增加。但是,在我国这种中小企业难以从银行获得贷款的情况下,如果企业通过自身的经营能够获得足够的资金,它应该会提高自身资金的利用率而不是从银行获得贷款。所以认为随着企业速动比率的提高,企业的负债水平会下降。

假设6:速动比率与资产负债率为负相关,因为速动比率的提高会降低企业对银行的依赖程度。

7.企业的内部积累水平

企业通过外部融资获得资金时会产生较高的成本,从而给企业带来风险。因此,企业主要倾向于使用内源性资金来筹集资金。这就使得企业的内部储蓄与其负债负相关。优序融资理论也支持了这个观点。Ang(1991)认为,所谓修正之后的融资优序理论无非是表明:小企业首先选择内源融资通常是未分配股息,然后是所有者贡献,最后才是外源债务融资。

我国的中小企业很难获得外部资金,而且成本较高。因此,释放自己的潜力是解决企业资金需求问题的最佳方法。企业的内部积累主要是由于未分配利润。因此,未分配利润与总资产的比率被用作衡量企业内部积累的指标。

假设7:企业的内部积累水平与资产负债率为负相关。

8.折旧水平

企业资产减值产生的减税收入是企业融资的内部来源,可以显著提高企业的内部融资能力。Deangelo 和 Masoulis(1980)提出:除债务外,企业资产折旧、投资税收减免等项目还可以帮助企业减轻税收负担并增加税后利润。这些项目被称为非债务税盾。企业能够节省的非债务税越多,使用债务融资降低税负的动机就越小,从而减少了企业债务。因此,非债务税收保护的规模被认为与企业债务金额成反比。虽然也有不同的学者提出与此完全不同的观点，但重在研究中小企业的融资能力。因此，企业的折旧率是作为影响企业内部融资能力的因素而单独提取的，折旧与企业资产的比率被用作非债务税盾的代理变量。

假设8：折旧水平与资产负债率为负相关。

9.企业的运营能力

我们使用总资产周转率来衡量企业的运营能力，这反映了企业运营过程中所有资产从投入到产出的转移速度，以及管理质量和所有业务资产的使用效率。因此周转率越高说明企业资金流转得越快，相当于企业拥有了更多的内部资金，自然它的内源融资能力就比较高。

假设9：运营能力与资产负债率为负相关。

第三节　中小企业融资困境实证研究模型

1.指标的选取

将资产负债率作为被解释变量，选取企业的资产规模、银企关系、企业的担保价值等八个指标作为解释变量。

（1）被解释变量

债务资产比率可以反映企业的财务状况和偿付能力。企业总资产中有多少是负债,有多少属于股东。同时,这也可以反映出中小企业通过债券筹集资金的能力,因为企业只有拥有以债券形式获得融资的能力,才能从金融机构获得信贷,这意味着资产负债比率的变化。目前,大多数学者在分析中小型企业的资本结构时,通常将资产负债率作为资本结构的代理变量,例如Hutchinson(1998),Michaela(1999)和Sogorb-Mira(2005)引用以前的方法,选择企业资本结构的替代变量,即资产负债率代表企业的杠杆率。

(2) 解释变量

表8-1 解释变量一览表

指标	变量名称	变量代码	公式
企业规模	总资产的对数	$X1$	Ln(总资产)
银企关系	企业成立年限	$X2$	财务报表会计年度-企业首次注册年度
企业担保价值	固定资产占总资产的比例	$X3$	固定资产/总资产
成长性	主营业务利润率	$X4$	主营业务利润/主营业务成本
盈利能力	总资产收益率	$X5$	净利润/平均总资产
盈利能力	净资产收益率	$X6$	净利润/平均股东权益
抵御风险能力	速动比率	$X7$	(流动资产-存货)/流动负债

续 表

指标	变量名称	变量代码	公式
内部积累水平	未分配利润与总资产的比例	$X8$	未分配利润/总资产
折旧水平	折旧与总资产的比值	$X9$	折旧/总资产
运营能力	总资产周转率	$X10$	销售收入/总资产

2.模型介绍

研究所需设定的基本模型如下：

$$Y_i = \alpha_i + X_i + u_i \qquad i=1,2,\cdots,N \qquad (模型1)$$

其中，Y_i是$T \times 1$维被解释变量向量，X_i是$T \times K$维解释变量矩阵，Y_i和X_i包含个体成员的各经济指标时间序列。

通常，针对面板数据的回归模型有三种形式：固定参数、变截距和固定截距模型。

形式1：$\alpha_i \neq \alpha_j$　　$\beta_i \neq \beta_j$（变系数模型）

形式2：$\alpha_i \neq \alpha_j$　　$\beta_i = \beta_j$（变截距模型）

形式3：$\alpha_i = \alpha_j$　　$\beta_i = \beta_j$（不变参数模型）

形式1被称为可变系数模型。除个人影响外，经济结构的横截面也发生变化，因此结构参数在不同的横截面中是不同的。

形式2被称为可变交集模型。每个方面对横截面的影响是不同的。个体影响反映在变量的影响中，这些变量反映了模型中忽略的个体差异。它们分为固定效应和随机效应。

形式3对横截面没有单独的影响，也没有结构变化。使用通常的最小二乘估计，可以获得α和β的一致且有效的估计。这种情况对应于在多个时间段上组合横截面数据作为采样数据。

经常使用的检验是协方差检验，主要检验以下两个假设：

H_1: $\quad\beta_1=\beta_2\ldots\beta_N$

H_2: $\quad\alpha_1=\alpha_2\ldots\alpha_N$

$\quad\quad\quad\beta_1=\beta_2\ldots\beta_N$

可见，如果接受假设H_2，则认为样本数据符合情形3，即模型为不变参数模型，无须进行进一步的检验。

但若拒绝H_2，则需检验假设H_1。如果接受H_1，则认为样本数据符合情形2，即模型为变截距模型，反之拒绝H_1，则认为样本数据符合情形1，即模型为变参数模型。

对以上假设进行检验需使用F检验。

首先计算形式1（变参数模型）的残差平方和，记为S_1；形式2（变截距模型）的残差平方和记为S_2；形式3（不变参数模型）的残差平方和记为S_3。计算F_2统计量：

$$F_2=\frac{(S_2-S_1)/[(N-1)k]}{S_1/[NT-N(k+1)]}\sim F[(N-1)k,N(T-k-1)]$$

在假设下检验统计量F_3服从相应自由度下的F分布。若计算所得到的统计量H_2的值不小于给定置信度下的相应临界值,则拒绝假设H_2,继续检验假设H_1。反之,接受H_2则认为样本数据符合模型情形3,即不变参数模型。

在假设H_1下检验统计量F_1也服从相应自由度下的F分布,即:

$$F_1 = \frac{(S_2 - S_1)/[(N-1)k]}{S_1/[NT - N(k+1)]} \sim F[(N-1)k, N(T-k-1)]$$

若计算所得到的统计量F_1的值不小于给定置信度下的相应临界值,则拒绝假设H_1。如果接受H_1,则认为样本数据符合情形2,即模型为变截距模型,反之拒绝,则认为样本数据符合情形1,即模型为变参数模型。

在EVIEWS软件中分别使用这三种形式的模型进行回归分析,以获得适当的二次残差,最后对截面模型进行测试。

第四节 基于某市中小企业数据的实证分析

首先用Hausman检验确定模型的影响形式,检验结果如表8-2所示。

表8-2 Hausman检验结果

检验	$X2$	自由度	P 值
随机效应	42.717043	9	0.00

从以上回归结果可以看到Hausman Test统计量（W）是42.71，P为0.00，拒绝原假设：随机影响模型中个体影响与解释变量不相关。因此，我们将模型设定为固定模型。

随后，用F检验确定模型形式，结果确定模型为第二种变截距模型，通过检验得出R的拟合度达到了0.99。拟合结果如表8-3所示。

表8-3 资产负债率回归结果

资产负债率Y回归结果				
变量	回归系数	估计标准误差	统计量	P 值
C	−0.256905	0.090923	−2.825521	0.0055
企业规模	0.043919	0.004891	8.979513	0.0000
企业担保价值	−0.135345	0.017469	−7.747827	0.0000
主营业务利润率	−0.003032	0.000604	−5.017291	0.0000
总资产收益率	−0.002301	0.000539	−4.271817	0.0000
净资产收益率	−0.008702	0.006747	−1.289736	0.1994

第八章 中小企业融资困境及成因的实证分析

续 表

资产负债率Y回归结果				
变量	回归系数	估计标准误差	统计量	P值
速动比率	-0.000765	9.57E-05	-7.998779	0.0000
内部积累水平	0.028648	0.010786	2.656100	0.0089
非债务税盾	-0.055711	0.060759	-0.916919	0.3609
总资产周转率	-0.008336	0.002219	-3.755937	0.0003
Weighted Statistics				
拟合优度R^2	0.999880	被解释变量均值		3.951445
$\overline{R}^2$	0.999744	被解释变量的标准差		15.04738
回归标准差	0.102159	残差平方和		1.356742
F统计量	7352.085	D.W统计量		3.971429
P值(F统计量)	0.000000			

从回归结果中可以看到,$X6$、$X9$的P值比较高,说明$X6$即净资产收益率和$X9$,即折旧水平的拟合效果不是很好。而$X2$在拟合过程中不显著,已经被排除掉了。

把回归结果中各变量系数的符号与我们之前假设的符号做对比,结果如表8-4所示。

表8-4　预期结果与回归结果比较

指标	变量代码	预期结果	回归结果
企业规模	$X1$	+	+
企业担保价值	$X3$	+	−
成长性	$X4$	−	−
盈利能力	$X5$	−	−
	$X6$	−	−
抵御风险能力	$X7$	−	−
内部积累水平	$X8$	−	+
折旧水平	$X9$	−	−
运营能力	$X10$	−	−

（1）企业规模

企业规模通过检验（P值为0.00），呈现显著的正相关关系。因此，我们可以认为企业规模是影响该市中小企业融资的重要因素，这与前面的假设以及已有的结论相符。企业的规模越大就越容易获得贷款，因为随着企业规模的不断扩大，它的资产水平、盈利能力以及信用度都会不断提高，因此更加容易获得贷款。目前，该市的中小企业规模都比较小，而且难以获得银行的贷款。

第八章 中小企业融资困境及成因的实证分析

(2) 企业的担保价值

企业的担保价值是固定资产与总资产之比。检验（P值为0.00）表明，企业的抵押资产在企业的融资中起着非常重要的作用。债权人承担的风险会随着企业可抵押资产的增多而减少。然而，回归结果表明，企业的担保价值与资产负债率呈负相关，我们的假设与研究结果不一致。

(3) 企业的成长性

主营业务利润率通过检验（P值为0.00），与资产负债率为显著的负相关关系。造成这种情况的原因可能是成长越快的企业通常面临越高的风险，信息不对称的程度也就越厉害，发生道德风险的可能性越大，因此银行对这些中小企业往往产生"惜贷"现象。

(4) 企业的盈利能力

代表企业的盈利能力的两个指标：$X5$（P值为0.00）通过检验且呈现负相关，而$X6$（P值为0.1994）没有通过检验且呈现负相关。说明企业的盈利能力是中小企业融资的重要因素，这与许多国外学者先前的假设和研究一致。在某种程度上，它也支持新优序融资理论，这意味着企业在盈利时，依靠内部资金来减少对外部资金的需求。

(5) 速动比率

速动比率通过了检验（P值为0.00），与资产负债比率显示出显著的负相关。速动比率反映了企业承受风险的能力。但是，由于信息不对称，如果不进行仔细和深入的研究，银行和其他金融机构很难获得速动比率相关的财务指标。因此，银行和其他金融机构不会基于速动比率的单个指标来增加企业贷款的数额。另外，提高企业的速动比率可以提高企业内部资金使用的效率，这在某种程度上对应的增加了企业资金。因此，企业更有可能从自己内部获得资金。

(6) 内部积累水平

内部积累程度通过了检验（P值=0.01），与资产负债比率显示出正相关，与先前的假设不符。企业的内部积累是内源资金的重要来源。结果，企业内部积累的资金增加也将增加企业对内源性资金的依赖。但可能这样的企业发展潜力大，举债扩大规模导致资产负债率高。

(7) 折旧水平

折旧水平未通过测试（P值=0.36），表明折旧率与资产负债率无关。我们认为，税收抵免的影响可能会减少企业债务相对于资产的数量，但回归结果并不显著。这反映了我国现行税收政策的不足和对中小企业的支持不足，即固定资产的折旧率较低，企业从折旧中获得的内部融资较少。

(8) 总资产周转率

总资产周转率通过检验（P值为0.00），与资产负债率呈显著的负相关。总资产周转率代表企业的运营能力，企业的运营能力强说明企业资金周转较快，更容易从自身内部得到融资需求的满足。

第八章 中小企业融资困境及成因的实证分析

表8-5 各企业的截距值

企业	截距	企业	截距	企业	截距
_ATX--C	0.092851	_HLA--C	0.040272	_SDR--C	0.039839
_BD—C	0.404422	_HM--C	-0.228328	_SDX--C	0.472253
_BL—C	0.278614	_HMU--C	-0.118842	_TC--C	-0.305015
_BLO--C	0.375661	_HY--C	0.333628	TF--C	0.209992
_BQ-C	-0.378259	_HH--C	-0.051992	_TL--C	0.002332
_BY-C	-0.115643	_HAD--C	-0.153702	_TD--C	0.153749
_BF-C	-0.066525	_HJD--C	-0.358794	_TF--C	0.209992
_BFS--C	-0.070896	_HMI--C	0.242968	_WSD--C	-0.25098
_BJ-C	0.07576	_JX--C	-0.109494	_WD--C	-0.040703
_BS-C	-0.26005	_JS--C	-0.437324	_WM--C	0.500988
_BH-C	0.16452	_JC--C	-0.25603	_XGE--C	0.269099
_BY2--C	-0.045064	_JR--C	0.41204	_XQ--C	0.074235
_CSD--C	0.022442	_JF--C	-0.012403	_XY--C	-0.320694
_CD-C	0.215374	_JS--C	-0.437324	_XJX--C	-0.060278
_CDS--C	-0.089605	_JST--C	-0.260376	_XML--C	0.148499
_CA C	-0.209331	_JSTY--C	-0.4098	_XF--C	0.273052
_CXD--C	0.033799	_JTY--C	0.42635	_XLS--C	-0.140213
_DH-C	0.188883	_JT--C	0.248535	_XL--C	-0.083697
_DL-C	0.051632	_JYD--C	-0.18123	_XN--C	-0.163925
_DJM--C	-0.12113	_JK--C	0.65559	_XSD--C	0.152351

续 表

企业	截距	企业	截距	企业	截距
_DLY--C	0.029977	_JJ--C	0.208587	_XK--C	0.07674
_DZ--C	-0.078272	_KF--C	-0.158085	_XH--C	0.090493
_DS--C	-0.295713	_KL--C	0.843125	_XDX--C	-0.096243
_DK--C	0.238355	_KY--C	-0.017025	_XL--C	-0.083697
_DF--C	-0.120789	_LN--C	-0.194514	_YT--C	-0.075885
_DHO--C	-0.087467	_LH--C	-0.112191	_YK--C	-0.028289
_DF--C	-0.120789	_MJH--C	0.213702	_YDJ--C	0.283913
_DLI--C	-0.173949	_MY--C	0.198232	_YST--C	0.184625
_FY--C	0.163317	_OG--C	-2.65913	_YTG--C	0.257421
_FC--C	0.082846	_QYS--C	0.048591	_YC--C	0.092557
_FX--C	-0.377722	_QS--C	-0.297615	_YH--C	0.034638
_GH--C	-0.165658	_QY--C	0.012509	_YJ--C	0.101583
_GY--C	0.190789	_RQ--C	0.087429	_YQ--C	-0.132897
_HE--C	-0.231871	_RB--C	0.066289	_YN--C	-0.052585
_HEJ--C	-0.19513	_RD--C	0.264359	_YHA--C	0.076357
_HQ--C	-0.492175	_RF--C	0.101409	_YHE--C	0.107744
_HX--C	0.133401	_RKK--C	-0.040833	_YX--C	0.275487
_HS--C	-0.086859	_RT--C	0.097807	_YY--C	-0.195972
_HB--C	-0.052508	_SM--C	-0.264316	_CC--C	0.341604
_HD--C	-0.096	_SH--C	0.116811	_CH--C	-0.375392

续 表

企业	截距	企业	截距	企业	截距
_HXI--C	0.263045	_SY--C	0.01553	_CSD--C	0.022442
_HQ--C	−0.492175	_SH--C	0.116811	_ZD--C	0.327516
_HL--C	0.012614	_ST--C	0.25584	_ZH--C	0.282355
_HF--C	−0.144525	_SD--C	−0.05241	_ZG--C	0.001973
_HJ--C	−0.235196	_SL--C	0.434035	_ZHE--C	0.183516
_HDE--C	−0.288767	_SHG--C	0.391319	_ZL--C	−0.005474
_ZX--C	0.218347				

通过对全市139家中小企业的两年财务数据的回归分析，发现影响中小企业融资的因素包括：企业资产规模、企业资产担保价值、企业成长、盈利能力、速动比率、企业积累水平和总资产周转率，折旧水平没有通过检验。通过以上实证研究分析可以得出，造成该市中小企业融资困境的原因主要有以下几点。

（1）外源性融资能力较低

影响企业外部融资的因素包括：企业的规模、企业的成长性和企业的资产担保价值。

首先，企业规模研究表明了"喜大心理"在银行和其他金融机构中的广泛存在。较大的企业在资产规模和资产担保价值方面具有一定优势，并且更容易赢得银行的信任并获得贷款。此外，中小企业的特点是融资额少、融资间隔短、对贷款的需求主要集中在短期流动性上。商业银行需要研究每个中小型企业，以确定借贷风险是否过高。在这种信息不对称的情况下商业银行更愿意按照安全性、流动性和盈利性原则为大企业和大型项目融资。这是商业银行固有对中小型企业的"惜贷"现象。其次企业担保价值与最后企业成长性的检验且呈现正相关关系。说明该市可抵押资产多的企业更容易获得银行贷款。与此同时，企业成长性通过检验说明该市的金融机构普遍不愿意贷款给新成立的企业，认为他们风险较大。

(2) 内源性融资能力较差

影响企业内源性融资能力的因素有：企业的盈利能力、速动比率、内部积累水平、折旧水平以及运营能力等。

通过研究发现：首先，中小企业自身经营效益不佳，它们往往难以吸引到高素质的管理和技术人才。这导致在中小型企业的运作和运营中普遍缺乏现代管理知识和技能，并且它们不能指导企业的长期发展。此外，中小型企业通常缺乏长期战略规划，而只关注企业的短期目标，因此，企业对当前的状况感到满意，在同一地点存在重复建设情况，进而忽略了长期受益。企业利用法律漏洞而忽略产品质量。这些因素严重损害了中小型企业的形象，导致产品销售不佳以及中小型企业的整体经营效率低下。该市企业主要依靠内源融资，但因经营不善无法提高其融资能力。

其次，财务制度的不健全也是一个重要方面，该市中小企业规模较小，自有资金偏少，组织结构瞬息万变，专业

第八章　中小企业融资困境及成因的实证分析

人才短缺，财务制度和财务管理相对不规范，层次不一致。根据一项调查，50%以上的中小企业财务管理不完善。一些中小型企业没有适当的审计凭证和可持续的收入趋势，且内部管理控制制度不严格。此外，一些企业针对某一目的有特定的多个报告，从而导致严重的财务偏差和不良的披露意识。这些因素使中小型企业难以准确地了解和理解其财务状况，难以正确管理企业资金，严重影响了其资金使用效率。这使中小企业无法充分发挥资本流动的作用，无法充分适应资本的使用，加剧了融资困难的问题。该市中小企业很多是从家庭经营发展而来，缺乏现代管理制度。

此外，作为唯一未能通过模型测试的因素，企业的折旧率反映了中小企业普遍较低的折旧率。折旧的抵税作用和对内源融资的补充作用由于折旧率偏低对于企业来说微不足道，无法影响企业的融资决策。长期以来，中小企业的设备磨损率一直很低。税收法规仅在考虑设备使用过程中的物质损失时才确定折旧率，而忽略了技术进步和生产率增长所造成的各种无形损失。会计标准与现金财务理论的发展相去甚远，因此企业的折旧资金只能用于简单的设备维护，而不能进行更新。低折旧率直接导致企业的技术落后。另一方面，低折旧率使中小企业无法在技术创新上花钱。据调查，企业在研发上的投资总额非常少，严重影响了企业的创新能力。向企业之间传播"搞技改找死，不搞技改等死"这样的信息，生动地说明了企业当前在技术更新方面的困境。该市中小企业处于竞争激烈的行业，但由于产品技术含量低而处于劣势。因而提高产品创新可增加其竞争力，并相应提高其盈利能力。

第五节　基于中小企业板数据的实证分析

1.数据描述性统计分析

对搜集到的数据进行整个行业的分类，如表8-6所示。

表8-6　行业分类表

行业	企业数量（家）	行业	企业数量（家）	行业	企业数量（家）
化工	12	建筑建材	5	机械、信息、交运设备	18
轻工制造	8	社会服务	5	纺织服装	5
商业贸易	5	医药生物	5	信息技术业	5
交通运输	4	房地产	4	其他	8

从表8-6我们可以看出，选取的84家企业包含多种行业，包括化工、建材、轻工制造、社会服务等，行业覆盖面比较广泛，这样使得我们的实证分析不拘泥于单一性质企业，有比较强的代表性和研究意义。

随后，我们利用Eviews软件对这些企业的财务数据分别进行描述性统计分析，如表8-7—8-10所示。

第八章 中小企业融资困境及成因的实证分析

表8-7 样本描述性统计一

	最小值	最大值	平均值	标准差
资产负债率(%)	4.69	80.70	42.28	17.36
企业规模(百万)	18.55	22.74	20.48	0.78
企业成立年限	8.00	29.00	13.98	4.16
担保资产价值	0.02	0.77	0.42	0.17
应收账款周转率	2.21	1192.15	40.37	153.26
总资产收益率(%)	2.21	90.14	14.71	11.59
速动比率	0.21	19.36	2.00	2.91
非债务税盾	0.00	0.51	0.09	0.09
内部积累水平	0.02	0.42	0.17	0.09
营业利润增长率(%)	-248.56	39218.25	7.77	5138.91

表8-8 样本描述性统计二

	最小值	最大值	平均值	标准差
资产负债率(%)	2.10	76.36	33.48	17.67
企业规模(百万)	18.98	22.99	20.91	0.73
企业成立年限	8.00	29.00	13.98	4.16
担保资产价值	0.03	5.11	0.61	0.76
应收账款周转率	1.68	1155.51	44.79	156.06
总资产收益率(%)	1.21	74.48	11.73	9.60
速动比率	0.19	28.24	3.52	4.82

续　表

	最小值	最大值	平均值	标准差
非债务税盾	0.00	1.78	0.13	0.23
内部积累水平	0.05	0.46	0.15	0.07
营业利润增长率(%)	−79.64	522.45	35.96	78.65

表8-9　样本描述性统计三

	最小值	最大值	平均值	标准差
资产负债率(%)	2.26	82.03	32.13	18.82
企业规模(百万)	20.21	23.45	21.19	0.67
企业成立年限	8.00	29.00	13.98	4.16
担保资产价值	0.01	0.75	0.37	0.17
应收账款周转率	1.57	544.12	40.19	99.12
总资产收益率(%)	−7.64	48.09	9.21	6.26
速动比率	0.18	35.65	3.75	5.63
非债务税盾	0.00	0.47	0.10	0.09
内部积累水平	−0.05	0.39	0.15	0.06
营业利润增长率(%)	−6402.28	367.54	−51.19	704.15

表8-10　样本描述性统计四

	最小值	最大值	平均值	标准差
资产负债率（%）	2.04	80.12	32.77	18.21
企业规模（百万）	20.29	23.81	21.35	0.68

续　表

	最小值	最大值	平均值	标准差
企业成立年限	8.00	29.00	13.98	4.16
担保资产价值	0.01	0.74	0.38	0.15
应收账款周持率	1.42	563.66	34.57	90.88
总资产收益率（%）	-6.52	31.97	7.95	4.78
速动比率	0.25	38.44	3.15	4.89
非债务税盾	0.00	0.44	0.11	0.09
内部积累水平	-0.15	0.36	0.16	0.07
营业利润增长率（%）	-108.62	2808.68	47.13	313.36

对上述统计性结果进行分析，我们可以得出，选取的中小企业资产负债率部分时间有较明显的变动，变动平均值都超过了40%。当企业的杠杆比率超过40%时，企业的价值会随着杠杆比率的降低而增加。因此，企业必须减少债务融资，从而促进企业的发展。我国中小企业呈现的这一财务数据特征有可能是外界环境变化的影响。除了个别特殊值，企业的资产负债率基本保持平稳。此外，所选取的这些企业的资产规模都不是很大，成立年限相对而言并不长，有些属于新兴企业。反映企业确定性的企业资产担保价值比较低，企业的各项财务指标除了营业利润增长率波动比较大之外，别的都没有很突出的变化。

2.实证分析

指标选取我们把资产负债率作为被解释变量,选取企业规模、银企关系、营运能力、盈利能力、企业成长性等九个指标作为解释变量。通过对上述的84家中小企业进行面板分析得出实证结果。

(1) 被解释变量

债务资产比率可以反映企业的还款能力和财务状况。债务资产比率可以反映企业资产的结构和债券的融资选择。只有具有债券融资能力的企业才能更好地赢得金融机构的青睐,并获得信贷机会。遵循沿用惯常方法,选择资产负债率来代表企业的杠杆率。

(2) 解释变量

根据以往的研究结论和我们之前的分析,我们将选取如下变量作为衡量企业融资能力的指标。

我们选取企业总资产作为企业规模的指标。资产规模通常被我们作为一个整体概念提到,可见资产和规模的关系是密不可分的,一个企业拥有的资产越多,其规模自然越大。当然,除了资产量之外,企业人数亦可以作为衡量企业规模的指标,但是企业人数作为衡量企业规模因素不够确切,例如手工业企业人数大于机械企业,但是其生产效益和生产规模不见得也大于机械企业。所以用企业总资产作为衡量企业规模的指标,更符合实际情况。

第八章　中小企业融资困境及成因的实证分析

银行会选择成立年限长的企业的原因是：企业成立时间越长，和银行合作的机会也越多。成立时间长的企业可以和银行有较长的合作时间和较深的了解，与成立不久的企业相比在银行方面的交往历史更加深厚，交情更好，这显然利于企业通过关系获得贷款。银行对于老客户和新客户自然有惯性的区别对待。但是不见得企业和银行的合作关系会随着交往年限的增加而增进，有时候甚至可能恶化。排除特殊情况，我们考虑一般情况，这是我们唯一可获得的衡量银行业企业关系的变量。而且，一般而言，它是比较合理的。

我们将固定资产加上存货占总资产的比值作为衡量企业资产确切性的指标。这是因为中小企业在申请贷款时固定资产和存货一般被视为可抵押资产，充足的抵押资产能增加贷款人的资信水平，偿还贷款的概率越大，越能降低债权人放贷风险。固定资产和存货在总资产中的比率作为衡量中小企业确切性的指标具有一定的合理性。

主营业务的增长率可以确定企业所在的发展期。一般而言，企业核心业务在成长阶段的增长率相对较高；处于成熟期的企业，这一指标会较低；而处于衰退期的企业，这一指标甚至可能为负数。因此主营业务增长率是衡量企业成长性的一项非常合适的指标。

我们选择应收账款周转率来衡量企业的运营能力。因为该值越高，企业资金的使用效率越高，内部融资能力就越强，企业的运营能力就越强。

未分配利润与总资产的比值作为衡量企业内部积累水平的指标。这是因为我国的实际金融环境表明，中小企业很难获得外部融资，融资成本也相对较高。因此，自我积累对我国中小企业尤为重要，内部企业积累的主要来源是未分配利润。

折旧与企业资产的比率被用作衡量非债务税盾的指标，因为企业固定资产折旧所节省的税款是国内企业内部融资的重要渠道。

表8-11　解释变量一览表

指标	变量名称	变量代码	公式
企业规模	总资产的对数	X1	Ln（总资产）
银企关系	企业成立年限	X2	财务报表会计年度-企业首次注册年度
企业的确切性	担保资产价值	X3	（固定资产+存货）/总资产
营运能力	应收账款周转率	X4	销售收入/平均应收账款
盈利能力	总资产收益率	X5	净利润/平均总资产
抵御风险能力	速动比率	X6	（流动资产-存货）/流动负债
税收效应	非债务税盾	X7	折旧/总资产

续 表

指标	变量名称	变量代码	公式
内部积累水平	未分配利润占总资产的比值	$X8$	未分配利润/总资产
成长性	营业利润增长率	$X9$	(本年营业利润-上年营业利润)/上年营业利润

回归结果分析如表8-12所示。

表8-12 资产负债回归结果

资产负债率Y回归结果				
变量	系数估计值	标准差	t统计量	P值
C	-40.23938	30.80274	-1.306357	0.1928
企业规模	4.253814	1.399557	3.039401	0.0027
企业成立年限	-0.336370	0.250420	-1.343221	0.1806
担保资产价值	5.351425	2.275229	2.352039	0.0196
应收账款周转率	-0.002332	0.007980	-2.292262	0.0404
总资产收益率	0.436297	0.153988	2.833314	0.0051
速动比例1	-1.827489	0.195068	-9.368454	0.0000
非债务税盾	-14.94257	7.086659	-2.108550	0.0362
内部积累水平	-61.61384	14.83547	-4.153145	0.0000
营业利润增长率	0.000200	0.000341	2.586216	0.0084

续表

资产负债率Y回归结果			
变量	系数估计值	标准差	t统计量	P值
加权统计			
拟合优度R^2	0.710366	被解释变量的均值	34.12424
$\overline{R}^2$	0.584676	被解释变量的标准差	18.18663
回归标准差	11.72029	残差平方和	29121.43
F统计量	5.651730	D.W统计量	2.459586
P值（F统计量）	0.000000		

表8-13 各股票的截距值

股票代码	截距	股票代码	截距	股票代码	截距
002014	-3.306146	002269	-1.184899	002469	2.263053
002016	-5.759386	002276	-2.016691	002479	-9.150814
002026	-5.360481	002277	5.468754	002485	-16.80518
002033	3.635108	002288	-0.473951	002486	-4.234559
002040	4417491	002290	-11.21669	002487	-4.498545
002059	-7.986337	002305	3.646183	002492	6.3471
002077	16.90189	002315	11.01714	002494	-4.310994
002080	1.885509	002317	-8.791751	002501	-1.93985
002091	1.366652	002318	-8.090567	002518	-9.309496
002092	-6.345289	002319	-7.929044	002521	-13.77614

第八章　中小企业融资困境及成因的实证分析

续　表

股票代码	截距	股票代码	截距	股票代码	截距
002117	-10.6839	002323	-1.651725	002530	-6.14357
002138	-4.86388	002330	-18.40741	002546	-0.695219
002147	-12.63861	002342	-2.151702	002549	4.305009
002151	0.616352	002347	-0.348221	002568	5.936905
002162	9.525853	002355	4.628387	002571	-4.306897
002176	3.105259	002357	6.981228	002577	-10.27814
002178	5.815414	002359	10.4195	002584	-11.32637
002179	2.175647	002361	4.865764	002599	11.43046
002187	7.428181	002364	2.852024	002605	8.292441
002207	5.711584	002381	6.209479	002621	3.963539
002216	1.462768	002401	1.767921	002630	15.37726
002219	-10.82024	002405	-12.60529	002643	3.33309
002221	25.02206	002419	14.77385	002653	-18.0364
002224	-0.963623	002424	-3.90679	002678	-1.62043
002225	-0.003073	002425	-8.345882	002683	8.224349
002226	-13.41495	002433	2.639977	002688	16.11132
002243	-5.785313	002456	-0.108603	002694	13.94553
002245	4.911916	002463	6.422531	002697	9.350052

我们最后确定的模型是变截距模型，我们将实际回归结果所得的各个变量系数正负与预期假设的进行比对，结果如表8-13所示。

表8-13　预期与回归结果比较

指标	变量代码	预期结果	回归结果
企业规模	$X1$	+	+
企业成立年限	$X2$	+	−
企业确定性	$X3$	+	+
营运能力	$X4$	−	−
盈利能力	$X5$	−	+
抵御风险能力	$X6$	−	−
非债务税盾	$X7$	−	−
内部积累水平	$X8$	−	−
成长性	$X9$	+	+

从回归结果中我们可以看到，$X2$、$X4$、$X7$的P值比较高，说明$X2$（企业成立年限）、$X4$（企业营运能力）和$X7$（非债务税盾）的拟合效果不是很好。

由变量企业规模回归结果可以看出：变量$X1$的P值为0.0027，这表明企业规模与资产负债率显著正相关。因此可以得出的结论是，我国中小企业的规模确实是影响企业融

第八章 中小企业融资困境及成因的实证分析

资的重要因素。当企业规模扩大时,企业的资产总量、经营水平等会随之提高,外源性融资能力也会增强。目前,我国中小企业的规模还不够大,所以获得贷款比较困难。

由变量企业成立年限回归结果可知,变量 $X2$ 的 P 值为 0.1806,且与预期相反,系数为负。首先,结果表明该企业的成立年份与债务资产比率无关。我们认为,经营时间长将增加企业的外部融资能力,但回归结果并不显著。这表明我国银行与中小企业之间的关系需要加强。

企业的担保资产价值回归结果: $X3$ 的 P 值为 0.0196,这表明我国中小企业的担保资产价值与资产负债率呈显著正相关。可以看出,中小企业担保资产的价值在企业融资中起着重要作用。这是由于我国的中小企业对自己的信息不公开,金融体系无效以及其他因素导致金融机构在放贷时担心承担风险。因此,企业提供的担保抵押尤为重要。企业的固定存货在总资产中所占的份额越高,资产负债的比率就越高。

企业的营运能力回归结果: $X4$ 的 P 值为 0.0404,这表明我国中小企业应收账款周转率与资产负债比率高度相关。结果表明,我国中小企业的运营能力是影响企业融资的重要因素。企业的资本周转迅速,则企业资本效率高,具有强大的内部融资能力以及较低的资产负债率。

企业的盈利能力回归结果:变量 $X5$ 的 P 值为 0.0051,说明我国中小企业的盈利能力与资产负债率相关性显著。我国中小企业的盈利能力是其融资能力的重要影响因素，且系数为正，与预期结果相反。说明我国中小企业的盈利能力增加时负债性融资也会增加。由于外部融资的困难，中小型企业在具有较好效益时一般会倾向于内部融资。

由企业承受风险能力的回归分析结果可知：$X6$的P值为0.0000，这表明我国的中小企业承受风险的能力与资产负债率有显著相关性。企业的速动比率是影响企业融资能力的重要因素。实际上，我国银行与中小企业之间存在信息不对称，银行非常不愿意向中小企业贷款，企业速动比例大时具有更强的内源融资能力，进而降低企业的资产负债率。

非债务税盾回归结果：$X7$的P值为0.0362，我国中小企业的非债务税盾与资产负债率之间高度相关。非债务税盾是影响我国中小企业融资的重要因素。在我国扩大对中小企业的减税和免税可以提高企业的内部融资实力并降低债务与资产比率。

由企业内部积累水平的回归结果知，变量$X8$的P值为0.0000，这表明我国中小企业的内部积累水平与资产负债率有显著相关性。我国中小企业的内部积累的程度显然会影响企业的融资。这是因为随着企业内部积累的增加，对外部资金的依赖减少并且企业的债务比率降低。

根据企业成长性回归结果，$X9$的P值为0.0084，这表明我国中小企业的营业利润增长率与资产负债率显著正相关。我国中小企业发展越快，其发展前景越广，他们越能获得

第八章 中小企业融资困境及成因的实证分析

外部资金。

通过对我国84家中小企业的财务数据进行回归分析，我们可以得出的结论是，基于上市中小企业的数据，存在以下融资因素：企业资产规模、企业担保资产价值、企业营运、盈利能力、承担风险的能力、非债务税盾内部积累水平和企业成长，企业的成立年限没有通过检验。

第九章 解决中小企业融资问题的对策建议

中小企业在促进我国经济发展中发挥着越来越重要的作用。世界各国越来越关注中小企业。与其他国家一样,我国的中小企业也面临着严重的融资困难,并且这已经成为我国中小企业发展的重要阻碍因素。要解决我国目前中小企业融资难的困境,国内的学者们也提出了许多建议,但这些建议往往牵扯范围较广,且涉及许多较为深层次的问题,难以在短时间内起作用。以下是从企业、金融机构和国家等方面提出的政策建议,以应对我国的中小企业融资难的问题。

第一节 提高我国中小企业自身素质

我国中小企业数量众多但处于比较弱势的地位,融资难成为限制我国中小企业发展的重要因素,因此,我国中小企业应当积极地寻求自救措施,早日摆脱融资的束缚,进而稳步地发展。

1.提高中小企业资产折旧率

中小企业资产折旧率低是我国普遍存在的问题。本书的实证研究结果表明,中小企业的折旧与企业债务水平之间没有显著的相关性。这充分表明,我国中小企业资产折旧因素不能影响企业的融资决策。造成这种现象的主要原因是:根据我国税法,当前规定的折旧率相对较低。它仅考虑企业资产的正常消耗,而没有考虑由于技术进步、市场竞争和其他因素而导致的设备加速折旧。当前我国的低折旧率严重影响了我国企业,特别是中小企业的正常技术创新。

因此,提高我国的资产折旧率已是刻不容缓,因为折旧率的提高能够显著提高我国中小企业的融资能力。

(1)折旧率的提高可以通过非债务税盾等因素显著改善企业的内部融资能力,从而提高企业自身的积累能力并增加股本的供应。随着企业内源融资能力的提高,它将更多地转向内部融资,从而减轻对信贷资金的依赖。

(2)折旧率的提高能够帮助企业完成自身的技术更新和改造工作。企业自身技术的更新不但能够改善产品质量、降低生产成本,更可以提高企业的竞争力。随着企业竞争力的提高，企业有了坚实的基础去发展和扩大资产规模、充实资产，这样也提高了企业资产的担保价值。因此，折旧率的提高可以显著地改善企业融资的现状，一方面它提升了企业内源融资能力，另一方面它能使企业更加容易获得银行的信贷资金，对我国中小企业的融资具有重大意义。

2.加强中小企业资金管理能力

中小型企业的资源有限，必须努力提高资金使用效率，以充分利用资金。为了提高资金使用效率，需要仔细分析资金的来源和使用情况，并且需要这两方面充分配合。避免犯用短期借款来购买固定资产这样的资金使用错误，这样极易导致资金周转困难、资金链断裂，严重则致使其破产。准确预测何时将收款和付款，例如什么时候可以收到账款，什么时候可以购买产品等等。中小企业管理者尤其是财务管理者应该对资金的进出密切关注、了然于心，否则，易造成收支不平衡，产生资金不足或者资金浪费。合理地进行资金分配，可以有效降低中小企业资金风险，一定程度上可以缓解其融资问题。注意合理的存货比率——存货与流动资产总额之比。中小企业应对采购物资实行定额控制，做到事前有计划、事中有控制、事后有分析，使物资结构趋于合理，尽量减少储备资金和成品（商品）资金的占用，应充分利用市场这个"仓库"的观念，在满足生产经营的前提下，存货是越少越好。要严格控"三阶段"，

第九章 解决中小企业融资问题的对策建议

即存货周期、应收账款周期及应付账款周期。存货周期是通过当期的销售额和库存资金占用之比来体现的,只有通过缩短存货在生产经营过程中的停留时间、减少库存和加速产品销售,才能缩短周期、加速资金周转、减少资金占用。应收账款周期是回款的时间周期。需要加强应收账款管理,制定应收账款的适当说明,并应尽一切努力缩短应收账款的期限。应付账款周期是指供应商允许中小型企业延期支付货款以便中小型企业可以将这部分资金在销售期间加以利用。但是,还应注意不应延长应付账款周期,以免损害中小企业的声誉。努力减少"三费"——主要是在行政、财务和销售上的成本。可以说这三项费用是直接支出的流动资金的一部分。严格控制和采取措施减少"三费"是中小企业的重中之重。

创新一种好的经营战略有助于加速营运资金周转。如某煤炭企业起初仅销售普通煤炭的业务,销售目标是中小企业的本地印染企业,煤炭主要用于生产蒸汽。然而由于激烈的竞争,应收账款逾期和货物积压情况的经常发生,为了更好地解决此问题,企业决定实施合同业务策略:定期结算,这样就由煤炭销售转变为蒸汽销售。"承包"形成了垄断,加速了存货周转;"定期"解决债务逾期问题,加快投资回收期和资金安全指数。此举使该企业受益匪浅。

加强中小企业财产控制。建立和完善财产和物资的内部控制系统,并为物料采购、查询、销售和样品管理定义标准化的操作程序，以避免失误并确保安全。财产管理和记录必须分开，以形成强大的内部相对监督。资产管理、会计核算、检查和核实等绝对不应由一个人来承担。企业应定期检查和清点财产，并遵循严格的管理和记录。

3.中小企业需要提高其内源融资能力

我国的中小企业严重依赖内源资金。在选择融资方式时，内源融资也是首选的融资方式。如果中小型企业仅依靠外部资金来满足企业的财务需求，只会扩大企业的资金缺口并破坏其可持续性健康发展。因此，如何提高中小企业的内部融资能力是解决我国中小企业资金困难的重要方法。

前几章进行的实证研究表明，中小企业的盈利能力和积累水平似乎与企业资产负债率呈负相关。当然，提高企业本身的盈利能力和积累水平将减少对外部融资的需求，这意味着中小企业可以通过增强其财务能力来减少对银行的依赖。一般来讲，中小企业规模较小、经营和市场风险比较大、融资成本又比较高，因此导致中小企业的资金需求基本全部来自内源融资。尽管中小企业对内部融资的依赖程度较高，但大多数中小企业由于自身治理不善而无法充分发挥内源融资的作用。中小企业必须尽最大努力来增加自我积累并改善其融资方式。

企业注重制定长期发展战略，规范业务系统，科学管理企业，并注重人才的引进。扩大融资渠道，例如增加想要筹集资金的合作伙伴或投资者的数量。加强企业自我积累机制，加强企业财务约束，增加盈余公积金的提取比例。通过编现金预算报告，准备充足的现金余额等来释放企业内部融资的全部潜力，加强企业的现金管理。妥善地管理好企业的应收账款项目，合理地使用资金进行采购，并尽可能延迟付款。企业必须加强库存管理，并尽一切努力减少生产和运营成本。这些都可以改善中小企业内部融资的条件，使企业能够根据自身需求灵活筹集资金，提高企业融资效率。

4.改变中小企业传统的经营方式

我国许多中小企业也具有明显的家族特征。在管理层的用人上基本上是朋友或家庭成员担任重要的领导职务，决定是独断专行的。这种治理模式不利于中小企业引进优秀人才管理，也不会提高中小企业商业决策的科学性，并且会增加中小企业的业务风险，降低中小企业的信誉度，并使银行和投资者不愿向企业进行贷款和投资。许多中小型企业以家族和合伙企业的形式发展。他们没有建立现代的业务系统，产权单一，业务短期、债务高、储蓄少且抗风险能力较低，容易遭到市场的淘汰。因此，改变家族史的管理方法，建立现代企业管理制度，提高中小企业质量尤为重要。明晰产权是企业增加积累并成为市场主要参与者的关键。

5.提高中小企业自身的财务管理水平

企业在改善外部环境之前,必须首先改变其财务管理理念。财务管理的理念是一种定义财务管理实践的价值,是思考财务管理问题的起点。在新的财务管理环境中,除非中小型企业对其财务管理理念做出重大改变,否则很难在激烈的国际竞争中找到一席之地。中小企业应树立以下观念。

树立人性化财管观念。重视人才的发展和管理是现代管理的基本趋势。中小企业的所有金融活动都是由人发起、操作和管理的,其有效性在很大程度上取决于人们的知识、智慧和努力。因此,在财务管理中,有必要了解和尊重人,规范财务人员的行为,建立一种将责任与权利结合起来,增强人的动力和约束的运行机制。目的是充分调动人们在科学财务管理和创造力方面的热情和主动性。

树立资本多元化财管观念。我国自从加入世贸组织后,资本市场开放,市场准入障碍被消除。大量外国银行和外国中小企业进入我国,大量外资流入我国市场。中小企业应抓住这一机遇,积极寻找与外资合作的机会,提高管理水平,使投资企业多元化,优化中小企业的企业治理结构。

树立风险财管观念。在现代市场经济中,由于市场机制的作用,任何市场主体的利益都是不确定的,并有可能造成一定的经济损失，不可避免会面临某些风险。在财务管理中，我们需要定义风险的概念，科学地预测由环境变化引起的不确定因素，并在可预见的将来采取各种预防措施以最大限度地减少可能的损失并增强对风险的抵御能力。

提高自身财务管理水平。企业的财务信息是银行对其进行贷款时一个很重要的依据与考证对象，银行等金融机构对财务信息的完整与真实性是很重视的。因此，中小企业需要实施现代财务管理系统，并创建和改善自己的财务信息，有必要提高企业管理者尤其是高层对财务管理的重要性的认识，并提高财务管理的知识。引入专业的财务管理人才、严格的财务制度和有效的资金使用计划；在企业发展的过程中，除了专注于技术研发、市场拓展之外，还应充分利用政府的各种优惠政策与资本市场的各种力量，提高资金利用效率，防止资金断裂的风险，从而解决融资难、融资成本高的问题。

6.推进中小企业现代化进程，提高其竞争力

中小企业调整发展战略目标，使其符合现代市场经济的发展要求。提高产品技术含量、培养优秀人力资源、规范企业管理制度、增强企业运营风险的控制能力，注重企业的创新能力并提高企业的市场竞争力。中小企业只有顺应社会经济发展的需要，不断拓展自己的发展潜能，才能不被竞争市场淘汰。中小企业应当致力于提高自身的竞争力，充分利用自身规模较小、经营方式灵活多变的优势，通过制定适当的战略、吸引更多的人才以及提高产品的附加价值等方式使自己更加具有竞争力。企业竞争力提高的同时相应的盈利能力与积累水平也就提高了。

7.提高中小企业信用水平，改善与银行关系

银行融资在所有融资方式中所占比例最高。与其他融资方式相比，银行融资具有较小的风险和较低成本，是中小企业最合适的融资方式。因此，中小企业与银行建立良好的关系对解决自身的资金困难非常重要。中小企业应进一步加强与银行的沟通联系，使银行对现状和业务前景有清晰的认识，这将有助于银行收集信息，提高贷款效率。同一地区的中小企业间应保持良好的关系，可以加强合作，利用集体信用来分担风险，使业务运营更加标准化和透明，并增强团队力量。

企业与银行的关系很大程度上取决于企业自身的信用。诚信是企业经营的根基。中小企业需要建立良好的信誉感，严格遵守国家有关财务法规，以确保企业财务文件的真实性和完整性。中小型企业应主动使用信用评级机构定期发布企业信用信息，充分重视企业对银行的信用建设。对于企业从银行获得的任何贷款要尽力按期偿还，即使企业自身的资金比较紧张，也要尽量保持与银行的良好关系，不能贪图一时小利而损害了企业自身的形象。

8.提高企业利用各种金融工具融资的能力

在金融市场持续发展和金融工具快速发展的背景下,合理使用金融工具可以有效降低融资成本、提高融资效率。例如,资产证券化比传统融资方法更高效。事实表明,资产证券化为亚洲发展中国家的中小企业融资做出了巨大贡献。我国的中小企业应该从海外实践中吸取经验,结合我国的具体情况,积极探索新的融资模式,进而扩大融资领域。

第二节 积极发挥政府的扶持作用

近年来,国家层面的政策对中小企业的扶持力度逐渐增大,因为中小企业在GDP占比、解决就业等方面贡献较为突出,其发展面临的诸多问题亟须得到政府扶持和帮助。中小企业的发展壮大,不仅可以营造更加良好的经济局势,而且可以促进经济改革,有助于加强创新和提高整体抵御风险的水平。因此需要从多方面着手,从改善中小企业融资的环境等方面,帮助中小企业顺利解决融资难的困境,进而不断扩大企业的规模,促进其稳定发展。

1.改善中小企业发展和经营的外部环境

我国政府应努力改善中小企业发展和运营的外部环境，为中小企业成长创造有利条件。有必要改变当前分离管理中小企业各项事项的方式，建立一个统一的中小企业管理组织，整合资源并负责在各个方面为中小企业落实不同的政策和措施。需要支持服务中小企业的咨询机构的发展，这些机构可以为中小型企业提供建议，提高其服务质量，并为中小型企业提供综合、多渠道和跨形式的支持。需要针对中小型企业采取适当的税收和税收激励政策，并为其产业发展和技术创新提供支持。进一步完善有关金融政策法规，加强对中小企业的保护和扶持。建立和完善中小企业金融机构，规范中小企业金融机构的建立和融资的相关规章和措施、融资来源和金融机构（如银行和基金会）的运作方式，组织管理机构的建立，政府扶持的预算等。确定各类银行对中小企业融资的最低比率和融资方式。地方商业银行和市政信用合作社应重点关注中小企业，促进中小企业公平参与融资市场竞争，促进中小企业快速、健康发展。在小企业融资问题上，重要的是建立一系列符合小企业产权、信用、产业、经营、技术特征的制度安排，这使小企业融资可持续发展。

我国的《中小企业促进法》指导性很强，但强制性还不够。政府需要为中小企业创造良好的法律环境，以确保为中小企业提供足够的资金。根据当前中小企业的融资状况，我国政府需要从以下三个方面加强相关法律工作的开展。一是建立健全社会信用系统和登记制度及信用档案，对恶意逃避、拖延商业银行债务的企业实施联合制裁，坚决打击恶意逃债等违法行为，维护商业银行债权。二是进一步完善相关的法律制度。如尽快修订《担保法》，使得担保法律法规得到进一步的完善，完善担保相关法律有利于进一步推进商业性的担保机构快速发展，进而与银行形成良好的合作。三是政府必须保护创新型中小企业的知识产权，建立标准化的知识产权制度和标准，并建立公平、公正的知识产权评估机构，以便创新型企业可以顺利地依靠知识产权来筹集资金。

2.完善资本市场体系，为中小企业直接融资创造条件

理想的资本市场可以为不同规模和类型的企业提供不同的融资方式，这些融资方式不仅涵盖企业发展所需的资金，而且有助于社会资源的合理配置。

加快发展和完善多层次资本市场体系，为中小企业开放直接融资渠道，扩大中小企业融资渠道。加快相关法律、法规和准则的发展，规范和肃清主板市场，建立并恢复投资者的信心。探索并促进其运营所需环境的形成并建立二级市场，加快各方面建设以适应其部署。探索引入场外交易和股权交易的可能性，并采取各种措施推动中小企业建

立直接融资渠道。

注重完善创业板的建设。有关部门必须迅速纠正相关法律在市场实践中发现的故障问题。中小企业板将成为一个真正成长中的创业板。因此，应改变中小企业理事会发行证券的市场规则和条件，并降低上市标准。需要对创业板市场进行单独监控，对发起人进行培训并加强责任制。加强创业板与主板之间的制度协调，促进金融创新。

规范我国现有的证券交易所，处理市场操纵、欺诈性地发行上市产品。同时，根据各地区的发展特点，建立区域性交流体系，以不断加强和完善资本市场。支持债券市场的发展以及为固定收益投资引入创新产品。积极发展场外交易市场，扩大资本市场容量，丰富资本市场功能。改善金融衍生工具可以降低系统性风险，并保持金融市场的稳定和繁荣。

政府应加强资本市场运作环境的建设。加强上市企业的治理和质量保证。创业板市场应逐步推进尽力避免金融风险。改进廉洁制度建设、加强企业信息公开、制定适当规则、确保资本市场诚信、明确处罚机制。要积极发展机构投资者，使他们能够充分发挥外部监督的作用，改善上市企业的管理，指导中小企业的健康发展。此外，在资本市场上，政府应注重间接监管，遵守自身市场发展规律，并促进监督和自律的联合作用，从而不断努力建立一个良好发展的资本市场平台，设立行业咨询基金、企业基金等，以积极引导企业的结构调整和技术改进。

3.建立和规范中小企业担保体系

目前,我国的担保企业一般规模不大,无法满足中小企业的需求。我国应建立中小企业信用担保体系,此外政府还需要建立一些非营利担保机构。中小企业可以自发创建担保机构或商业担保机构。这些不同类型的担保机构共同努力以实现整体效率。此外,政府可以持续收集相关数据、建立评级系统和信用数据库,并消除银行和企业之间的信息不对称的现象。

缺乏信用担保是导致中小企业融资难、融资贵的重要原因之一。为中小企业提供贷款担保是政府为解决信贷市场缺乏效率而应努力提供的一种公共产品。担保机构运转所需的资金,由市场提供难度较大,由政府提供更好。可以建立由中央和地方政府共同负担的中小企业信用担保体系。经济较发达的地区,担保机构所需的资金主要由地方政府提供,中西部等贫困和欠发达地区自身经济发展较为落后,中央政府应重点对这类地区的担保机构进行扶持,以帮助其进一步发展。另外,中央和地方政府还应在每年的财政预算中确定担保基金的正常增长计划。中小企业担保机构建立应加强规范管理。

4.完善中小企业的金融服务体系

解决中小企业融资问题的一个重要途径就是积极发展中小企业金融机构。我们必须高度重视中小金融机构的发展，平等对待所有金融机构，减少对中小金融机构的抵制和行政干预。加强中小型金融机构指导方针，明确发展方向和市场定位。需要发展有潜力的中小型金融机构，并增加其市场份额。有必要进一步深化农村信用社的改革，将其转变为农村商业银行或以基金为基础的金融机构，并改善农村金融体系。有必要尽快建立针对中小型金融机构的存款保险制度，以提高公众的信心。此外，政府必须解决退出市场的问题。不仅要促进整体发展，而且要取消一些有严重问题的中小型金融机构。政府应改善中小型金融机构的相关制度，以促进市场发展和提高其社会形象。

鉴于我国目前的情况，理顺中小企业融资渠道，促进经济发展的关键是打破金融业的垄断，引入竞争机制，并使多家金融机构参与支持中小企业发展，以改善创新并发展整个金融体系。我们必须积极发展中小型银行、信用合作社、专业信用机构、共同储蓄银行、金融企业等。特别是，地方金融机构必须扎根于当地经济，并充分利用其在信息收集、项目选择、风险控制和不良资产的管理以及大胆、真实的创新方面的明显的地理和关系优势。积极探索一条可持续发展的道路，支持中小企业的快速发展，并使金融

第九章 解决中小企业融资问题的对策建议

机构自身的社会和经济效益增加。中小企业的发展模式、组织形式和产业具有不同的特征。因此，有效的中小企业金融体系也必须多样化。该金融系统包括中小型私人银行、金融企业、中小企业的非银行金融机构、非营利性合作金融机构、小型资本市场、中小企业贷款担保机构以及社会中介服务机构。建立这样一个兼容的金融体系需要金融体系改革和适当的权力下放。因为当地金融机构越多，中小企业的融资效率就越高。有必要建立正规金融与民间非正规金融共存的体系。通过加强立法、规范民间金融和促进健康发展，支持民间金融的发展。

积极发展地方中小金融机构。地方性中小企业包括城市商业银行、城市信用合作社、农村信用合作社、中小企业债券市场、本地中小企业产权交易市场和本地风险投资企业。尽管我国有超过50000个农村信用合作社和5000多个城市信用合作社，但目前合作的性质还不太明显。我们必须根据具体情况创建为中小型企业服务的商业银行，以向当地中小型企业提供商业贷款。中小型金融机构具有为中小型企业提供服务的信息优势，而中小型金融机构通常是地方性金融机构。通过长期的合作关系，中小企业金融机构逐渐加深了对当地中小企业运营环境的了解。中小型金融机构与中小企业之间的信息不对称问题可以得以缓解。

5.为中小企业建立政策性金融机构

从中央到地方的各级政府部门均不遗余力地支持中小企业。但是，由于各部门之间缺乏有效的协调与沟通，效果不理想，中小企业的影响力仍然很有限。我国的四大主要商业银行正在转型为现代商业银行，政府不能以命令的形式要求它们向中小企业贷款。因此，建立以政策为基础的专门金融机构向中小企业提供优惠贷款是最佳选择。

根据我国各家银行官方网站公布的数据，2012年中小企业向国家开发银行的贷款总额为18134亿元。我国农村发展银行支持各种小型农业企业和农民专业合作社的活动和发展，提供的贷款额度为73.29亿元。尽管我国进出口银行的相关统计数据未公布，但估计对中小企业的支持力度也很大。同时，我们还应该看到的是，我国目前的三大政策性银行为中小企业提供了一定的支持，但每一个银行都有自己的政策目标，而对中小企业的支持效果还没有得到充分体现。特别是，一些政策性银行（例如国家开发银行）在为中小企业提供融资的实践中，经常使用转贷方式，由商业银行甚至基于商业贷款的小型信贷企业为中小企业提供资金，这大大增加了中小企业获得融资的成本。我国应尽快建立服务中小企业的政策性银行，以支持中小企业的发展。目前，许多国家已经建立服务中小企业的了促进中小企业发展的政策性银行，例如日本中小企业公库、泰国中小企业金融局

第九章 解决中小企业融资问题的对策建议

和韩国中小企业银行。为了加快我国中小企业的发展,有必要借鉴成功的国外经验并建立合适的政策性银行。

从国际经验来看,建立中小企业政策机构是促进中小企业发展的重要途径。在欧洲、美国以及部分亚洲国家,都已经建立了服务中小企业的专门机构。美国拥有针对中小企业的多层次、多元化和集成化的管理与服务系统,而欧洲的德国也拥有一家专门为中小企业提供资金或金融服务的银行。作为全国性的先行城市和试点城市,上海在建立独立的中小型政策性银行方面处于有利位置,特别是建立的自由贸易区以及金融改革和开放的推进。

建立中小企业政策性金融机构的资金来源可以是政府资金,也可以是出售部分中小企业的变动资金。其主要的业务并非盈利,而是应该用于协作和实现政府支持中小企业的意图,为符合政策和发展前景的产品和中小企业提供资金支持,并提供贷款担保等服务。这样,可以更好地实施针对中小企业的支持政策,并使之更加专业和具体化发展。通过政策性金融机构增加对中小企业的金融投资,并为企业家创业和中小企业发展设立专门的资金。政策性金融机构为中小企业服务,不以营利为主要目的。在为小型企业提供融资支持时,它们需要充分利用政府资产。当然,有必要向小企业提供创业资金和担保资金,提供一定程度的财政补贴。但在完善小企业融资机制方面,政府的作用更多地应体现在提供制度保障和信息服务、完善金融生态环境和进行适当监管等方面。在未来我国经济发展中,小企业将发挥越来越大的作用。

政府建立了中小企业的政策性银行,以专门从事中小企业贷款业务为基础,发展更多金融服务,逐步建立综合性的政策性银行,为中小企业提供更全面的金融服务。

(1) 创办中小企业政策性银行可以从国家开发银行中分出一部分,成立中小企业政策性银行。国家开发银行一直向中小企业提供金融支持。据统计,自国家开发银行上海分行于2003年开设中小企业贷款业务以来,截至2012年底,中小企业贷款额度约为50亿美元。此外,自2010年以来,国家开发银行上海分行已逐步与小额信贷企业合作,以"转贷"模式支持中小企业。自2012年10月以来,已完成超过12亿笔转借交易。调查数据显示,深圳国家开发银行通过小额信贷企业向中小企业提供的贷款余额每年为10亿至20亿美元。国家开发银行计算出的利率通常约为15%,远高于商业银行贷款的7.5%。商业转贷实际上与企业获得政策支持的初衷完全不符。根据上海的数据,将中小型企业支持业务与国家开发银行在上海的分支机构分开,并成立一个中小企业的政策性银行。这样做其一是允许该银行借鉴国家开发银行的经验,以便它可以尽快跟踪银行业务流程。其二是与国家开发银行的支持和协助下,可以在最短的时间内确定该行业务的各个领域。第三,可以从不同的角度更好地实施支持中小企业的不同策略。在此基础上,将为

第九章 解决中小企业融资问题的对策建议

中小型企业提供各种专业服务,以促进其迅速发展。以这种方式建立政策银行要求政府与国家开发银行、中央政府和监管机构进行协商,以解决某些监管问题和利益难点。

(2) 可以为中小企业创建全新的政策性银行。为具有财政拨款的中小企业创建新的政策银行需要国家政策支持并考虑以下因素:首先,它是银行所有权和组织结构的形式。政策性银行应由中央政府和地方政府共同注资建立。其次需考虑资金来源。在政府出资的基础之上,通过证券市场进行融资,包括发行中小企业扶持债券、成立基金等方式来募集资金,募集到尽可能多的资金来帮助中小企业发展。尽管服务范围是针对中小企业的,但并非所有中小企业都有需要被针对。提供贷款和服务时应考虑国家和地方的政策目标和发展战略,并明确行业定位、宏观定位和竞争定位。应优先考虑帮助雇用大量员工且难以从商业金融机构获得贷款的企业。最后,需要考虑服务多样化。为了更好地支持众多具有不同特征的中小企业,政策性银行的业务规模必须多样化,不同行业的企业必须提供不同的业务产品。银行还可以提供咨询服务,在政策制定和实施方面以维护中小企业的利益,帮助中小企业解决融资、借贷和治理问题,并向他们提供资金、法律和业务方面的建议。同时,可以根据企业本身的特点确定贷款期限,还可以提供不同时期、不同形式和利率的贷款,例如补充流动资金的短期贷款以及中长期优惠贷款。

关于政策性金融机构的运作，在阐明组织结构、业务对象和组织服务范围等基本要素的基础上，还需要进一步阐明政策性银行应如何开展业务。首先，清楚明确运行程序。政策性银行需要明确其操作程序并标准化其特定的业务流程。在设定利率时，应牢记利率不宜过高导致增加中小企业的融资负担，以致其无法实现目标。同时，不应将利率设置得太低而影响银行的可持续性发展。通过支付银行费用并保持良好的平衡，银行必须为中小企业提供尽可能多的优惠。其次，合同的设计必须规范。银行业务合同的设计应标准化和程序化，以便在满足要求的情况下有实施的可能性；贷款的方法和期限应明确，以便银行运营商和申请业务的中小企业有明确的程序。应重新建立风险控制机制，并应建立适当的风险控制机制。由于中小企业通常固定资产较少，因此为中小企业提供贷款和其他服务风险很大，缺乏良好的风险控制机制会影响银行的持续运营。

6.规范利用民间金融

政府应规范民间金融，为中小企业融资提供有力帮助。中小企业自身特点导致其通过银行等金融机构获得资金支持存在天然的劣势，虽然金融机构一再简化程序、降低费用，但仍然难以满足中小企业的资金需求。民间金融是中小企业融资的很好支撑和补充。私人贷款灵活、方便、简单、快捷、预算约束、借款人与贷方之间信息对称、合同成本低、服务环境良好，因此还款率非常的高。通过民间金融与现代金融体系的结合和互补，民间金融与中小企业发展之间的长期协同作用和互惠互利得到充分利用，以促进区域性中小企业的可持续发展。当然民间金融市场也存在诸多问题，使其无法靠自身规范和解决。因此，政府应该注重对民间金融相关法律法规的建设，积极引导民间金融健康发展，为解决中小企业融资问题助一臂之力。

7.完善中小企业直接融资渠道

要进一步摆脱对创业板市场关注过多的惯性思维。创业板市场旨在帮助新兴和创新企业，为快速发展的企业（尤其是高科技企业）筹集资金并进行资本交易。可以说，这是中小企业直接融资体系中非常重要的环节。在国际上，作为最成功的创业板市场的纳斯达克市场培养了许多成功的高科技企业，例如微软、英特尔。但是，即使在纳斯达克这样的创业板市场上，上市企业的数量也极为有限。对于我国大多数的中小企业来说，创业板绝对不是直接融资的主要形式，所以政府应加大对创业板市场发展的引导和规范。

政府应助力培育多元化的风险投资市场。从当前的角度来看，我国风险投资行业的一些做法扼杀了私人投资的热情，这不利于基金规模和数量的增长。高科技风险投资企业有一定的优惠税率，但尚未颁布相关的风险投资行业法，也没有关于上市、税收优惠、投资管理和资金方面的书面制度。此外，风险资本退出机制也存在很大的问题。风险资本的本质就是资本流动，有效的退出机制是实现净利润的关键。通常，风险资本退出机制包括上市、出售、退出场外交易市场、转让所有权和清算破产。但是，目前退出国内市场的机制主要是公开上市。上市可能不是中小型企业的首选。这种风险投资退出机制将严重限制我国风险投资的发展和增长。因此，我国政府必须尽快继续建立和完善多元化的退出机制。

政府应加大力度发展商业天使投资市场。天使投资是指"富人"投资，也是对具有特殊技术或独特概念的原始项目或小型初创企业的一次性前期投资。在国际上，天使投资是一种相对成熟的融资方法。实际上，在美国，它是创业初期的创新型中小企业的中流砥柱。目前，我国居民的储蓄总额为30万亿元，这表明我国有大量潜在的商业天使投资人。但是，天使投资的未来发展可能存在一些不确定性。

直接融资的本质是企业与基金所有者直接协商的结果，因此融资效率高、融资风险低。但是，目前我国的直接融资体系仍处于起步阶段，创业板市场才刚刚起步，由于缺乏强有力的政策和法律支持，风险投资的发展也滞后，天使投资的发展实际上几乎为零。为了提高直接融资的效率，政府应从创业板市场、风险投资市场和天使投资三个方面积极加强直接融资渠道的发展，并为中小企业提供更多的直接融资机会。

8.转换政府职能

从过去的单纯管理型转变为服务型，简化政府与企业之间的关系，积极解锁中小企业的融资渠道，并建设和改善社会服务。各级政府应结合当地实际情况，制定中小企业发展指导方针，建立以政策为基础的机制，使企业可以对破产、合并、出售做出独立决策。领导并促进各种中介机构的发展，这些中介机构为中小企业提供金融服务，并为中小企业提供与大企业相同的国民待遇。首先，制定支持中小企业融资的战略，引入具体可行的基于政策的融资措施，以促进中小企业信用担保体系的发展和规范担保行为。其次，制定和规范中小企业税收扶持政策，加大对中小企业经营的资金支持，加大对高新技术企业技术创新的资金支持。在此有必要扩大中小企业的融资渠道，鼓励中小企业发展技术创新，加快中小企业产权流动，积极吸引投资为中小企业提供担保，为具有市场潜力的中小企业提供贷款担保，并积极寻求发展前景良好的中小企业上市，通过股权发行筹集社会资源、扩大中小企业融资渠道。最后，需要在各级建立中小企业发展中心，并与有关服务机构合作，为中小企业提供有关资本市场、信息和技术等方面全面的、专业化的金融培训和信息咨询服务，协助搭建企业之间的沟通与联系的桥梁，以促进银行与企业之间的合作与共同发展。

9.政府支持创建风险投资基金

基于现阶段我国金融市场与发达资本主义国家相比仍有一定差距,我国风险投资尚处于起步探索阶段这一现实,我们必须借鉴成功的外国风险基金的经验,研究和探讨可能出现的问题并制定适当的法律法规进行协调和解决,为发展风险基金打下良好的基础。在这一阶段,我国的风险投资基金以政府倡议引导为主,积极促进各种形式的资金的加入,引入现代业务管理系统和市场化的运营管理模式,建立扎实的风险管理系统,科学民主的投资和管理决策,以及内部控制系统、健全而完整的投资基金。它应首先以对社会和经济发展具有重要意义并具有发展前景的增长型、技术型和有竞争力的中小企业作为投资目标,并通过提供发展资金和商业咨询服务来促进中小企业的发展。同时,有必要讨论风险基金的退出机制。当时机成熟时,它将从一家企业转移到另一家中小型企业,以实现风险基金的良性循环,并确保中小企业发展的资金需求。这样既可以进一步完善我国金融市场,同时也可以协助解决中小企业融资难、融资贵的问题。

10.推进征信体系建设

政府应进一步引导企业征信体系的建立,充分发挥信用体系的作用。良好的信用体系是企业正常经营和经济健康运行的主要保证。社会信用条件限制了中小企业的发展，特别是中小企业融资难、贷款难等能否缓解的突出问题。各地政府和相关部门应利用现代高科技网络技术通过一定方法搜集中小企业的信用信息档案、资料并向社会公开披露，始终接受社会监督及商业银行查询，并严厉惩罚那些逃避银行债务的企业和个人，以防止中小企业失信的问题。

第三节 提高银行对中小企业的服务水平

对中小企业发展状况的正确认识可以为银行带来新的利润增长点。金融机构应加强主动性和创新性，增加对中小企业的贷款支持。我国人民银行应充分利用以下货币政策工具，增加对中小型金融机构的再贷款，降低贷款利率，以充分调动金融机构对中小企业的贷款热情。

1.设立专门的中小企业服务部门，大力发展地方性中小金融机构

银行应建立专业性机构，为中小企业提供金融服务。进一步关注中小企业，认识到这一市场的潜力并开发适合其特点的融资方法。2018年《政府工作报告》申明，支持金融机构建设包容性金融服务，并需要做出更多努力以减少小

型和微型企业的融资成本。特别是，当地商业银行应着重为地方中小企业服务，有效体现了银行和其他金融机构对于中小企业融资有至关重要的作用。像市场一样，金融机构应有明确的分工。银行的不同部门应该负责不同类型的企业融资服务，并设立专门的中小企业服务部门来为中小企业提供服务。因为中小企业具有贷款数额较小、频率较高且信息透明度较差等特点，因此金融机构的有效运用对解决中小企业的融资困境尤为重要。

地方性的中小企业包括城市商业银行、城市信用合作社、农村信用合作社、中小企业债券市场、地方性中小企业产权交易市场和本地风险投资企业。尽管我国有超过50000个农村信用合作社和5000多个城市信用合作社，但目前合作的性质还不太明显。我们必须根据实际情况为中小型企业创建商业性的中小企业银行，以向当地中小型企业提供商业贷款。中小型金融机构具有为中小型企业提供服务的信息优势，而中小型金融机构通常是地方性金融机构。通过长期的合作关系，中小企业银行逐渐加深了对当地中小企业运营环境的了解。地方商业银行随着中小企业的发展而发展，它们之间有着天然的联系。地方性的商业银行，由于工作和结算条件差，很难为大型企业融资。因此，当地商业银行应积极将服务重点放在中小企业上。

2.推进银企合作平台的建设

中小企业难以从银行获得资金的主要原因是信息不对称。为了克服这一难题,最重要的措施是建立银行与企业之间信息交换的机制。一些现有的银行贷款信息平台可能会要求提供有关中小企业贷款余额的信息。但是,这远远不能满足银行分析中小企业贷款的信息需求。比如中小企业可能存在使用一份合同向多家银行审贷的情况,而现有的信息平台无法排除这一风险。为了克服这一弊端,区域性商业银行可以构建一个属于银行内部的信息平台,使得一定范围内的银行可以同时查询到某一家申请贷款的中小企业的贷款信息,同时可以保护银行本部信息的私密性。这样的银企合作平台可以最大限度地约束中小企业的贷款行为,同时可以让各家银行全面了解到中小企业融资过程中隐藏的风险。另一方面,对于中小企业而言也会降低其还贷压力。因为银行间信息互通,他们可以通过平台看到竞争性银行的利率情况,这也可以增加银行之间的竞争,从而降低其信贷利率。

3.创新信贷管理体制和业务流程,提高信贷管理能力

通过改革贷款审批制度、完善信贷政策、简化信贷管理流程、建立风险预警制度,进而积极促进中小企业业务发展,根据信贷风险特征和中小企业财务需求,提高服务效

率、拓宽思路，积极为中小企业优化"三大业务"，即：具有综合性收益现金流的优质客户、具有专项收益现金流的优质资产和交易性自偿现金流的优质业务。积极使用现代信息技术来开发小型企业的信用业务管理系统，并实现小型企业的操作和管理流程的电子信息化服务。

为了提高银行的信贷管理技能，人才管理是管理的重中之重。因此，商业银行应该提高对信贷管理人才的重视度，加强信贷管理人才队伍的培养，加强银行与企业的沟通与信任。首先，加强客户经理对一定区域内中小企业市场的敏感性与责任心。客户经理必须经常走访本银行的客户企业，这就是所谓的"跑客户"，及时把握他们的经营现状，必要的时候可以对其所遇到的困难予以援手，增强与中小企业的亲密度，不仅有助于银企建立良好的合作关系，而且，有利于银行及时准确地掌握有关信贷企业的信息。其次，银行要加强相关业务培训工作的开展，不定期对服务中小企业的客户经理进行培训，从而提高他们服务的专业水平与职业素养，而且也要注重对客户经理市场分析能力的培养，不断强化他们挖掘市场、洞悉中小企业经营运作变化以分析企业财务状况的能力。同时，银行要建立健全的工作激励机制，从业绩水平、服务质量与收益份额等方面对客户经理的工作进行考核，并与其的薪资福利、职业上升密切相关，这样既激发了客户经理工作的积极性，又提高了其信贷管理环节的质量。银行拥有明确的信用责任制和强大的激励机制，可以极大地提高借贷人员的借贷热情。这不仅可以满足中小企业的财务需求，而且可以增加银行的营业利润和实现双赢。最后，提高客户经理的归属感，通过持续培养来造就专业人才，否则员工流动性太大会影响区域性商业银行的信贷形象及客户的忠诚度。与此同时，为了增强信贷管理能力，银行除加强人才队伍建设外，还需要设立中小企业风险审批专岗。固定的审核人员对审核业务较为熟悉，而且审核工作的专业化、标准化与流程化，在有效控制风险的基础上，对提高审批效率，及时发放信贷大有裨益。这样既优化了信贷审核流程，又节约了中间的时间及其他成本，在提高银行工作效率的同时，又节约了中小企业的融资成本。

4.创新金融产品和服务

随着我国经济及市场的发展，中农小企业日益增多、其发展模式和成长特点各不相同。许多成长中的中小企业处于高风险之中，其贷款显然具有较高的风险。尽管此类企业还将产生高利润率，但这种高利润率不会导致银行贷款利息收入增加。通过将部分收入转换为股权融资，银行不仅可以从成长中的中小企业获得收入，而且可以降低总体信贷风险。银行必须充分利用金融工具，积极开发新的金融产品，提高服务效率。根据中小企业的特点，它们提供适合、便捷的低成本服务。银行还应积极创新并利用自身的信息和管理优势，为中小企业提供全方位的金融服务。

商业银行要想占领更大的中小企业市场，必须突出自身的商业银行特性，创新不同种类的金融产品，为中小企业打造专门的产品类型。通过对现今中小企业发展特点的分析，在借鉴国内外的成功经验的基础上，商业银行应积极进行产品创新。具体可以从以下方面努力：一是，可以尝试无担保贷款产品，专门为"轻资产、重技术"的中小企业打造，商业银行可以通过征信平台查看其信用等级，判断其是否存在信用问题；通过查看其资金往来判别其对本银行是否具有忠诚度；也可通过查阅其财务状况来识别其是否具有还贷能力，对银行而言，并没有增加放贷风险，而对中小企业而言，极大地提高了获得信贷的可能性。二是，可以尝试与政府或第三方机构共同创新产品的形式，为运营不稳定或还款能力欠佳的企业提供适合的金融产品，这样既帮助了中小企业，又可以分散一定的风险。三是，当今是信息科技高度发达，智能化成为重要的趋势之一，因此，商业银行可以向业绩突出的银行学习，充分利用互联网技术、借助大数据分析手段开发具有时代特色的金融产品，从而节约区域性商业银行开展信贷业务的成本。

5.建立授信的组织框架和风险制度

在中小企业金融业务方面，商业银行需要从以下几个方面做好工作：层次和团队建设；在总部设立中小企业部门，负责信贷政策制定、产品开发和设计；提高对生产流程的关注；分支机构级别对应中小企业部门建立，该部门负责产品推广、批准流程和风险控制，在行业级别上建立专业的营销团队，负责客户营销、业务启动，以及服务众多中小企业贷款客户。标准化和全面的批准流程可降低业务成本并提高批准效率。由我国银行提出的银行信贷工厂，就是通过工厂式"流水线"运作和专业化分工，丰富产品组合以及根据业务特点制定计划来提高服务效率的一个例子。满足中小企业的资金需求，以便为大多数中小企业客户提供专业、高效和全面的金融服务。在当前变幻莫测的市场环境下，建立风险管理系统对银行尤为重要。长期以来，高风险的中小企业信贷业务发展已从"积极激励"转变为"消极态度"，贷款经理的职责变得相对严格，导致商业银行出现"过度授权"的问题。

第四节 金融科技助力解决中小企业融资问题

1.运用大数据技术解决信息不对称问题

信息不对称是银行和投资者面临的最大问题。过去银行和投资者很难了解中小企业的真实活动。但是，我国的大数据技术已经开始改善这种状况，银行可以与在线平台合作以收集业务销售和采购数据，并将在线销售、采购、付款和其他小型和微型业务数据用作原始信用评分数据，以从银行获取可靠的信息，并解决信息不对称的问题。另外，银行可以使用POS机的交易记录作为度量标准之一，以快速向满足特定条件的中小型和微型企业发放小额贷款。大数据技术的使用不仅可以解决信息不对称的问题，而且可以有效增强银行对中小企业投资的信心。此外，通过大数据技术和POS机流动数据信息收集可以反映实际业务水平。因此，这一技术对于大型银行来说，可以降低信贷风险、降低不良贷款率、盘活存款和增加资金。

2.借力互联网完善信用记录

在传统的融资过程中，信誉度是影响企业成功获得贷款的重要因素。但是，中小型和微型企业很难维持完整的信用记录，并且很少提供抵押品或获得第三方的担保。随着互联网金融的飞速发展和不断创新，我国在线借贷已经尝试了数年。淘宝于2013年开始了借贷业务，在淘宝平台上向交易者提供小额贷款。不仅商家可以利用这一优势，购买者也可以利用自己的信用卡贷款。在信用业务模型方面，淘宝商家可以利用互联网来完善其信用历史，淘宝不仅提供销售平台，还提供商家信用收集平台，为他们的信用业务提供数据和信息支持。这样，中小型和微型企业不仅可以通过电子商务平台扩展销售渠道，而且可以使用在线销售和购买记录作为信用凭证来完善其信用记录。

3.利用互联网拓宽融资渠道

互联网和大数据技术的飞速发展可以解决信息不对称的问题。基于互联网技术的发展，互联网融资是解决中小企业财务困难的最有效方法。电子商务平台、专业的在线小额贷款平台和众筹信贷模式提供的小额贷款是面向中小企业的新型融资渠道。开发这些融资渠道可以提供少量、快速的贷款。电商平台贷款可以用于解决中小企业的融资问题。应该注意的是，在开发新的融资模式（例如电子商务贷款、在线贷款和众筹贷款）之前，先要制定相关的国家法律和法规。借款人和贷方都处于明确的位置，主要体现在，一方面，他们应该警惕欺诈者和伪造的信用记录；另一方面，他们需要保护自己免受在线诉讼和恶意行为的侵害。

4.金融科技下中小企业自我完善的建议

中小企业应积极融入金融科技发展的新格局。金融科技的发展在一定程度上提高了信息整合的能力，有效弥补了传统金融机构信息整合过程中存在的不足之处。网络信息技术的发展，使信息增值能力不断提高，为其未来的发展提供了新的契机。在网络金融机构和传统实体金融机构的跨产业信息链中，需要中小企业提供相应的资金信息和产品信息以保证产业链的正常运转。如果中小企业在发展过程中不断加强科技创新，同时做好财务信息管理工作，那么该企业在信息产业链中就会具有一定的话语权，可以进一步提高中小企业在信息产业链中的地位。在金融科技不断发展的背景下，中小企业需要逐渐改善信息不对称的现象，做好信息管理工作，进而降低交易成本，同时根据市场的需求不断推出多样化的产品，通过提高企业产品的交易率，使得中小企业可以在激烈的市场竞争中立足。

加深对金融科技的认识。部分中小企业因自身发展的局限性，对金融科技的认知不全面，导致其在实体金融机构中的贷款经常遭到贷款方的回绝，不利于企业的长远发展。为了拓宽中小企业的融资渠道，中小企业管理者需要加深对金融科技的了解，认识金融科技发展对企业融资的重要影响，并在运用金融科技融资过程中遵守市场规则及相关法律，以提高融资效率。首先，企业总经理必须根据企业发展目标的要求以及企业的当前发展状况和预期收益来确定资金额度，以避免盲目融资影响其在金融市场中的信用信息；其次，选择正规的金融科技融资机构，金融科技机构的种类多种多样，在一定程度上增加了企业融资的风险，因此，在选择金融机构进行融资之前，企业必须对金融机构的资格和真实性进行全面评估，以确保金融机构为金融技术融资的可靠性，并降低企业的金融风险。最后，企业管理人员需要建立融资风险评估和监督体系,保证信息的真实性,提高自身在市场中的征信和影响力。

第五节 普惠金融助力中小企业融资

金融服务的宗旨是使资金分布合理,社会资源配置合理。传统金融体系更愿意服务优质大客户,对中小企业和低收入人群的服务意愿较低。

在满足中小企业、城乡低收入群体和其他金融客户的需求方面仍然存在许多不足,严重限制了我国中小企业的发展。需要解决的主要问题是消除为中小企业服务的无形障碍,并解决金融服务"最后一公里"的问题。实践表明,普惠金融在缓解中小企业资金短缺问题方面发挥着越来越重要的作用。

2013年11月12日,第十八届三中全会正式提出"发展普惠金融,鼓励金融创新,丰富金融市场层次和产品",从而拉开了发展金融科技、满足"三农"金融服务需求的序幕。2015年,"普惠金融"首次被写入《政府工作报告》,要求"大力发展普惠金融,让所有市场主体都能分享金融服务的雨露甘霖"。2016年1月,《推进普惠金融发展规划(2016—2020)》印发。2017年5月,《政府工作报告》提出大中型商业银行设立"普惠金融事业部"。2017年7月,中央金融工作会议进一步明确了普惠金融服务"小微""三农"及助力精准脱贫的功能定位,首次提出"建设普惠金融体系"。李克强总理在2018年的政府工作报告中指出,"要改革完善金融服务体系,支持金融机构拓展普惠金融业务,规范当地中小型金融机构的发展,并专注于解决金融约束和为小型和微型企业提供便捷的融资服务。"政府工作报告已连续四年将"普惠金融"纳入其中,这充分表明了我国制定普惠金融战略的决心。可见,从2018年开始,普惠金融将成为推动我国社会经济发展的重要力量。

普惠金融的核心发展理念在于实现"服务对象的机会公平",即通过为更广泛的人群提供金融服务,使不同的人群平等地利用金融资源并获得发展机会,为经济与社会的协调发展做出贡献。中小企业融资无法与商业银行当前的信用体系无缝连接,导致中小企业缺乏足够的资金供应。面对各种形式的金融排斥,仅金融体系的内部改革并不能为中小企业融资问题提供根本的解决方案,普惠金融理念为解决中小企业融资难问题提供了新的途径。大力发展普惠金融,让金融走上"普惠"之路,提高金融服务的覆盖率、可得性和满意度,丰富便捷的金融服务可以满足社会各阶层的合理资金需求,对社会各阶层都是有益的。可以说普惠金融是为化解中小企业融资困境而提出的价值理念。民营企业和小微企业在稳定增长、促进创新、增加就业、改善民生等方面发挥显著作用。为缓解民营企业和中小企业

第九章 解决中小企业融资问题的对策建议

的融资难，融资成本高的问题，必须充分利用银行、保险等行业充足的市场流动性和稳定的盈利能力等有利条件，并坚持"保本"和"低利润"原则，增加对私营、小型和微型企业的财务支持。金融机构普惠金融事业部应进一步加强授信研究、金融科技运用及资源配置等，提升服务效率。根据私营、小型和微型企业的特征，开发和优化企业贷款业务模型、审批流程、评估方法，以提高信贷服务的效率。依靠金融技术，通过创新性担保和信用增强机制来提高私营、小型和微型企业的信誉。通过大数据、云计算等搜集贷款主体经营信息等数据降低放贷成本，做出科学准确放贷决策。依托金融科技还可以实现贷前、贷中、贷后流程监控，进而防范信贷风险。

当前，我国普惠金融的发展还不够成熟，大多还处于试验阶段，相关法律制度还不完善，小额信贷组织的法律地位尚不明确，没有国家监督，特别是一些非政府组织，实行非审慎性监管，适用于小额信贷组织，缺乏相应的专业性人才和全面有效的监管手段，致使其过度商业化而忽视了社会效益。要想实现普惠金融的健康发展，就必须要健全法律体系和监管制度，加强政策引导和支持，为普惠金融的发展创造一个良好的政策环境。因此，如何通过践行普惠金融理念推动普惠金融发展，有效化解中小企业融资困境，需要综合多个方面制定行之有效的措施。

1. 完善普惠金融基础设施建设

要加强以中介服务体系及支付清算系统为主要内容的普惠金融基础设施的建设。一是优化网点布局。农村和城郊地区的分支机构需要进行现代化改造，以成为具有明确功能区域、先进技术和设备以及良好客户体验的现代金融服务中心。二是拓展乡镇服务网络。积极推进自助银行建设，提高自助终端布放率，提高金融服务覆盖面；推动助力中小企业服务点功能的综合化，将其建设成为集便民取款点、信息联络点和金融知识宣传点为一体的普惠金融服务点，同时，建立健全的覆盖城乡的"营业网点+移动金融+自助银行+警银亭+金融便民服务站"普惠金融体系，为城乡居民及中小企业提供安全便捷的金融服务，为推动社会经济均衡发展贡献力量。三是提升服务质量。要进一步完善银行服务功能；积极利用互联网信息技术降低运营成本，提高客户体验，使客户获得更便捷的金融服务；通过与政府相关部门合作，在符合条件的地区搭建信息综合服务站，综合运用互联网等多种媒体，为中小企业提供产品服务指南、网上咨询、贷款申请等金融服务，进一步提升金融服务信息化水平。

2. 强化普惠金融中小企业服务理念

普惠金融的主要任务就是要使小微企业等普惠金融群体

第九章 解决中小企业融资问题的对策建议

及时、有效地获得价格合理的金融服务。银行要牢固树立"真做小微、做真小微"的经营理念，以支持地方中小企业和实体经济发展为己任，通过不断优化服务方法，创新金融产品，简化审批流程并提高审批效率，努力为中小企业客户提供最大力度的融资支持。一是转变经营理念。一方面，要积极推进普惠金融机构改革，成立普惠金融部、小微企业部等专营机构，为加快支持中小企业发展、壮大实体经济提供组织和人员保障；另一方面，对中小企业业务发展、客户资源、风险控制等方面进行调研筛选，成立"中小企业金融服务示范支行""中小企业金融业务重点支行"等专营支行，通过资源匹配、差异化的考核等方式，发挥支行在中小企业业务发展方面的示范引领作用。同时，要将中小企业作为重点服务对象，让更多群体公平地享有金融服务；创新新型金融服务平台，建立特色微小贷营销管理架构和经营模式，切实解决中小企业的资金难题。二是转变服务理念。要改变服务理念和服务模式，对辖内普惠金融区域及群体实行网格化管理，通过客户经理对其进行"管片驻点"，依靠拜访客户、澄清需求和优质服务等活动，有效满足客户需求，完全改变金融机构的被动状况，并根据邻近选择的原则，确保与网格中的中小企业的关系长期稳定，进而满足客户的融资需求。

参考文献

[1]Hartis.The Distribution of Power Among Corporate Managers, Shareholders and Directors [J].Journal of Financial Economics, 1988, 20: 203-205.

[2]Oliver D.Hart.Capital structure as a Control Mechanism in Corporations [J].The Canadian Journal of Economics, 1988, 21: 467-476.

[3]Philippe Aghion, Patrick Bolton.An Incomplete Contracts Approach to Financial Contracting [J].Economics & Social Sciences, 1992, 59: 473-494.

[4]Stephen A.Ross.The determination of Financial Structure: The Incentive-signaling Approach [J].The Bell Journal of Economics, 1977, 8: 23-40.

[5]Alberto de Miguel.Determinants of Capital Structure: New Evidence from Spanish Panel Data [J].Journal of Corporate Finance, 2001, 7: 77-99.

参考文献

[6]Joseph E.Stiglitz, Andrew Weiss.Credit Rationing in Markets with Imperfect Information[M].The American Economic Review, 1981, 71: 393-410.

[7]Ang, J.S.Small Business Uniqueness and the Theory of Financial Management [J].Journal of Small Business Finance, 1991, 1: 1-13.

[8]Berger, Udell.Small Business Credit Availability and Relationship Lending, the Importance of Bank Organizational Structure[J].Economic Journal, 2002, 112: 32-53.

[9]Allen N.Berger, Gregory F.Udell.The Economics of Small Business Finance: The Role of Private Equity and Debt Markets in The Financial Growth Cycle [J].Journal of Banking and Finance, 1998, 22: 613-673.

[10]Arnoud W.A.Boot, Aryan V.Thakor.Moral Hazard and Secured Lending in an Infinitely Repeated Credit Market Game [J].International Economic Review, 1994, 35: 899-920.

[11]Jose Lopez Gracia, Cristina Aybar Arias.An Empirical Approach to The Financial Behavior of Small and Medium Sized Companies[J].Small Business Economics, 2000, 14: 55-63.

[12]Mark P.Taylor.An Empirical Examination of Long Run Purchasing Power Parity Using Co-integration Techniques [J]. Applied Economics, 1988, 20: 1369-1381.

[13]G.F.Udell.Relationship Lending and Lines of Credit in

Small Firm Finance[J].Journal of Business, 1995, 2: 45-52.

[14]Banerjee, A.V.Besley, Timothy, Guinnane.The Neighbor's Keeper: The Decision of a Cooperative with Theory and A Test[J].Quarterly Journal of Economics, 1994, 109.

[15]Yan Shen.Bank Size and Small and Medium Sized Enterprise Lending: Evidence from China[J].World Developmentj, 2009, 37: 50-56.

[16]Macmillan.Commercial Bank Behavior in Micro and Small Enterprises Finance[D].USA: Harvard University, 1931: 740-750.

[17]Gines H, Pedo M.Relationship Lending and SMEs Financing in the Continental European Bank-based System[J].Small Business Economics, 2010, 34 (4): 235-249.

[18]David W, Constantin B, Michael H.Focusing the Financial Flow of Supply Chains: an Empirical Investigation of Financial Supply Chain Management [J].International Journal of Production Economics, 2013, 145 (2): 773-789.

[19]Loureiro Y.K, Gonzalez L.Competition Against Common Sense[J].International Journal of Bank Marketing, 2015, 33 (5): 605-623.

[20]Irina A, Maria S.Does Banking System Transparency Enhance Bank Competition? Cross-country Evidence [J].Journal of Financial Stability, 2016, 23: 33-50.

[21]欧阳海泉.我国中小企业融资体系研究[D].长沙:湖南大学,2000.

[22]李扬,杨思群.中小企业融资与银行[M].上海:上海财经大学出版社,2001.

[23]王筝,吴斌.家族企业发展中的公司治理演进[J].经济管理,2004(7).

[24]徐洪水.金融缺口和交易成本最小化:中小企业融资难题的成因研究与政策路径——理论分析与宁波个案实证研究[J].金融研究,2001(11).

[25]康晶.成长型中小企业融资的理论与实证研究[D].长春:吉林大学,2007.

[26]周月书.中小企业融资结构及障碍因素研究[D].南京:南京农业大学,2008.

[27]杨雪.基于ISM模型的中小企业融资能力影响因素分析[J].中国商贸,2011.

[28]王大华.影响中小企业融资难因素分析[J].网络财富,2010(21).

[29]王召.我国中小企业融资难问题及对策[J].证券市场导报,2004(2).

[30]高正平.中小企业融资新论[M].长沙:湖南人民出版社,2003.

[31]林毅夫,李永军.中小金融机构发展与中小企业融资[J].经济研究,2001(1).

[32]于学花,栾谨崇.基于信贷配给理论的中小企业融资方略[J].企业经济,2005(9).

[33]杨丰来,黄永航.企业治理结构、信息不对称与中小企业融资[J].金融研究,2006(5).

[34]陈佳贵,郭朝先.构筑我国小企业金融支持体系的思考[J].财贸经济,1999(5).

[35]张杰.民营经济的金融困境与融资次序[J].经济研究,2000(4).

[36]王爱俭,张全旺,于学伟.中国地下金融发展现状与理论思考[J].财贸经济,2004(7).

[37]张维迎,吴有昌.公司融资结构的契约理论:一个综述[J].改革,1995(4).

[38]佟光霁.中国中小企业融资问题研究[D].哈尔滨:东北农业大学,2001.

[39]侯博.中小企业融资结构浅析[J].魅力中国,2010(2).

[40]王信玉、张玉芳.中小企业融资问题探析[J].金融理论与实践,2003(10).

[41]郭实.改善中小企业融资难的思考[J].金融理论与实践,2004(11).

[42]张红雨.略论中小型企业融资问题及对策[J].安阳师范学院学报,2006(8).

[43]王蒙,祝春山.浅议民营企业融资与私募股权基金[J].经济论坛,2008(11).

[44]徐立民.浅析中小型企业融资决策[J].中外企业家，2009（5）.

[45]刘立丽.我国中小企业筹资难成因及对策[J].合作经济与科技，2009（2）.

[46]张佳伟.中小企业融资难的现状及对策分析[J].财政监督，2015（8）：31-33.

[47]寿璐弘，徐以飞，战明华.互联网金融的发展究竟是否放松了中小企业的融资约束？[J].浙江金融，2016（1）：18-23.

[48]袁乐平，罗恒.互联网金融发展对中小企业融资约束的影响研究[J].湖南社会科学，2015（6）：112-116.

[49]肖萍.互联网金融与中小企业融资困境的化解途径[J].河南师范大学学报（哲学社会科学版），2015（4）：77-80.

[50]郭晓芳.我国互联网金融风险及风险监管研究[J].工程经济，2015（5）：104-108.

[51]李志强.基于交易成本理论的互联网金融与中小企业融资关系研究[J].上海经济研究，2015（3）：65-71.

[52]张佳伟.中小企业融资难的现状及对策分析[J].财政监督，2015（8）：31-33.

[53]郑志来.大数据背景下互联网金融对中小企业融资影响研究[J].西南金融，2014（11）：63-66.

[54]鞠冉，杨鹭.互联网金融模式对中小企业发展的支持[J].改革与战略，2014（5）：58-62.

[55]丁春福，王姝昕.经济新常态下我国中小企业发展的

问题与对策[J].经济师,2019(1):275-276.

[56]庄聪生.十九大标志中国民营经济迎来新历史机遇,进入新发展阶段[J].中国中小企业,2017(11):22-25.

[57]贝多广.全新认识中小微金融.中国金融,2014(3):40-41.

[58]谭诺.新世纪中小商业银行:生存与发展[J].经济管理,2001(8).

[59]邹克,彭建刚.综合化经营对中国商业银行稳定性的影响及其对策[J].管理世界,2017(5):170-171.

[60]朱建武,李华晶.中小银行经营绩效的国际比较[J].财经科学,2007(1):33-40.

[61]缪见.中小银行服务创新纾解小微企业融资困境研究[D].杭州:浙江大学,2017.

[62]尤陈斌.JH公司的银行贷款融资问题研究[D].杭州:浙江理工大学,2019.

[63]杨永丰,黄永航.企业治理结构、信息不对称与中小企业融资[J].金融研究,2010(9).

[64]苗小露.浦发银行中小企业信贷风险控制研究[D].合肥:安徽大学,2013.

[65]李俊.商业银行发展中小企业信贷业务的对策建议[J].浙江金融,2006(4):60-61.

[66]范题.商业银行中小企业信贷管理的问题及对策[J].南方金融,2007(8):44-45.

[67]周鸿卫,王晶.中小企业信贷可得性的影响因素[J].金融论坛,2012(4):21-30.

[68]李丹,张兵,胡雪枝.农村中小企业融资需求与信贷可获性[J].金融论坛,2014(1):10-16.

[69]陈晓红.解读民营企业融资行为[J].温州大学学报,2000(1):25-28.

[70]李季.中小企业贷款难成因及对策[J].经济论坛,2012(8):81-82.

[71]黄伟.解析"中小企业贷款难"[J].武汉金融,2009(6):66-67.

[72]林媛璐.基于国有银行视角的中小企业融资问题研究[D].南昌:江西财经大学,2017.

[73]李漠颖.国有银行对小微企业融资服务的策略研究[D].北京:北京邮电大学,2017.

[74]杨安宁,史敏贤.我国中小企业融资难的原因及对策分析[J].市场论坛.2015(2):42-45.

[75]王倩,施喜容.论中小企业发展现状与融资困境[J].对外经贸,2017(6).

[76]王曦曼.中小企业融资问题分析[J].现代企业文化,2017(32).

[77]李丹璐,徐攀.新形势下中小企业融资风险分析[J].当代经济,2018(2).

[78]胡亚梅.扶持中小企业发展的财政税收制度创新研究

[J].财富时代,2019(11):46.

[79]范子英.增值税减税:要落地,更要生根[J].新理财(政府理财),2019(5):55-56.